JN042628

大都市はどうやってできるのか

山本和博 Yamamoto Kazuhiro

★──ちくまプリマー新書

411

本文イラスト　平尾直子

はじめに　都市を研究する

この本は、東京や大阪のような大都市がなぜ生まれたのか、そしてどのような役割を果たしているのかを読者の皆さんと一緒に考えるために書きました。

大都市には多くの人が住み、多くの企業が立地しています。多数のレストランやアパレルブランドが出店し、繁華街ではさまざまな種類の料理や洋服を選ぶことができます。大都市ではさまざまなアイデアを持った起業家が新たな事業を始め、さまざまなアイデアが交錯して新たな財（価値のある物）やサービスが生み出されています。さらに、大都市は多くの人口を吸収しながら、少数の子供しか生み出しません。また、東京のような大都市が繁栄を極めるかたわらで、地方は過疎の一途をたどっています。

Demographia World Urban Areas による都市圏の定義に従うと、2021年には、日本の人口がおよそ1億2000万人なのに対して、「東京都市圏」にはおよそ3910万人の人が住んでいます。つまり、日本に住んでいる人のおよそ3・1人に1

人は東京都市圏に住んでいることになります。北アメリカ最大の都市圏であるニューヨーク都市圏の人口がおよそ２０９０万人、西ヨーロッパ最大の都市圏であるロンドン都市圏の人口がおよそ１１１２万人、ほぼ同程度の規模のパリ都市圏の人口がやはりおよそ１１０２万人なのと比較すると、東京都市圏がいかに巨大なのかがわかります。東京都市圏には及びませんが、「大阪都市圏」にもおよそ１５４９万人、「名古屋都市圏」にもおよそ９５２万人の人が住んでいます。いずれも世界有数の人口規模を誇る都市圏になります。つまり、日本には世界的に見ても巨大な都市圏が三つもあることになります。

東京、大阪、名古屋の三大都市圏は１９５０年代から１９８０年代に大成長を遂げ、１９９０年代以降には東京都市圏のみが成長し続けるという東京一極集中の構図が生まれました。１９５０年代から１９８０年代の高度成長期、三大都市圏には大量の人口が流れ込みました。東京、名古屋、大阪を結ぶ地域は日本の中心であるがゆえに、新幹線のような高速鉄道や高速道路が整備される時期が早く、このような輸送インフラの発達は、三大都市圏に多くの経済活動を集中させたのです。三大都市圏を中心とした太平洋ベルトと呼ばれる地域には数々のコンビナートが建設され、京浜工業地帯、中京工業地帯、阪神工業地帯をはじめ、数々の製造業の集積地が生まれ、高度経済成長の原動力になりました。

1980年代以降には、産業の中心が製造業から徐々にサービス業へとシフトしていきました。東京都市圏では大企業の本社機能、金融、法律、そして研究開発活動といった高度な専門知識を必要とするサービス部門が集積しました。東京都市圏は、依然として製造業が中心だった大阪、名古屋都市圏とは袂《たもと》を分かち、全国から人口を吸収し続けました。三大都市圏内部の人々の移動費用、財の輸送費用の低下がこの流れを加速させました。

2022年現在、人口が減少しつつある日本において、東京都市圏は人口が増え続けています。つまり、東京都市圏は地方から多くの人口を吸収し続けているのです。その過程で、少子化という日本が直面する最大の問題の一つが顕在化しています。しかも、少子化が最も進んでいる都道府県は東京なのです。それゆえ、東京都市圏への人口の集中は少子化を加速させる原因の一つになっています。

1990年代以降にはＩＣＴ（情報通信技術）が目覚ましく発展しました。インターネット、電子メールが普及し、多くの人が携帯電話を使うようになりました。2007年にはiPhoneが発売され、スマートフォンの普及が始まりました。2020年からのコロナ禍は、Zoomをはじめとしたオンラインの会議システムの普及を加速化させ、テレワークが一般的に見られるようになりました。このようなICTの発展が東京一極集中にストップをかけるのではないか、という意見も聞かれます。しかし、歴史的には、印刷をはじめとしたICTの発展は大都市の繁栄を後押ししてきました。おそらく、21世紀型のICTの発展も大都市への集積を加速化させる要因になるのではないでしょうか。

この本の第1章では、都市が生まれる理由について考えています。日本は1億2000万人の巨大な人口（2022年現在、世界第11位）を抱えています。この膨大な人口が大都市が生まれる源泉になっているのは間違いありません。しかし、いくら膨大な人口がいようとも、人々が特定の地域に集まって住まなければ東京のような巨大都市は生まれません。つまり都市が生まれる理由を考えるということは、人が集まって住む理由を考えるということなのです。

第2章では、地域間を人が移動したり、物が移動したりする際の移動費用、輸送費用が大都市の形成に及ぼす影響について考えています。第二次世界大戦が終わった後、1950年代から1980年代にかけて、日本は高度経済成長期に入ります。この時期、首都高速道路や名神高速道路のような高速道路網が整備され、1964年には東海道新幹線が開通しています。つまり、1950年代から1980年代にかけて、日本では移動費用、輸送費用が大幅に低下しているのです。さらに、この時期には農村部、及び地方都市から東京、大阪、名古屋の三大都市圏に大量の人口移動が起こっています。移動費用、輸送費用の低下が三大都市圏への人口の集中の引き金になったのです。

第3章では、経済成長と大都市の関係について考えています。高度成長期には三大都市圏への人口の集中と、GDP（国内総生産）の急速な成長が起こっています。人口の集中と急速な経済成長は、この時期の日本だけではなく、産業革命期のイギリス、1990年以降から現在に至るまでの中国等、世界の至る所で観察されています。実は、都市には経済成長のエンジンが備わっているのです。

第4章では、少子化と都市の関係について考えています。都道府県別の合計特殊出生率（1人の女性が一生通して産む平均的な子供の人数と考えてください）は東京都、大阪府のような大都市圏では低くなり、沖縄県や宮崎県のような地方では高くなる傾向があるのです。実は、18世紀にイギリスで始まった産業革命以降、先進国の出生率は大幅に下がってきました。経済成長には子供の人数を減らすなんらかの原因があり、さらに大都市には、子供の人数を減らしてしまうなんらかの原因があるのです。

第5章では、ＩＣＴの発展と都市の関係について考えています。１９９０年代からこれまで、インターネット、電子メール、携帯電話、スマートフォン、Zoomなど、さまざまな情報技術が開発され、普及してきました。２０２０年、２０２１年のコロナ禍では、感染症対策の観点から多くの人が1か所に集まることを避ける動きが広がりました。そのような動きの一環として、ＩＣＴを駆使したテレワークが企業の間では広まり、大学等の教育現場ではオンライン授業が行われました。すると、職場や教室に人が集まらなくても、ＩＣＴを駆使すれば情報の伝達や共有が可能であるという感覚を人々は持ち始めたのです。職場や教室に人が集まることが不要であるのならば、東京のような大都市に多くの人が住む必要もないかもしれません。なぜなら、多くの人々が東京に住んでいる理由の一つは、東京に集まっている企業や学校に通う必要性があることだからです。この章では、ICTの発展が都市に及ぼす影響を検討し、ICTの進化は都市をますます発展させることを示しました。

第6章では、東京都市圏の人口規模が過大になっているのか否かについて検討しています。通勤鉄道の混雑や、遠距離長時間通勤、さらには東京の高い住居費などから、東京都市圏の人口が過大であるとの認識が一般的になっているように思います。しかし、議論はそれほど単純ではありません。東京都市圏が3500万もの人口を抱える巨大な都市圏になっていることの理由は、それだけのメリットがあるからなのです。したがって、通勤鉄道の混雑や高い住居費といった、大きな人口規模のデメリットを数え立てるだけでは、東京都市圏の人口が過大であるという意見が正しいことの証拠にはならないのです。本章では、都市圏の人口規模が過大か否かを検討する際の考え方を示しました。

21世紀は都市の世紀だと言われます。輸送技術の発展と情報技術の発展により、ますます多くの人々が都市で暮らすようになっています。現在、世界人口の55％が都市部に暮らしていますが、1950年には、都市部人口は30％に過ぎませんでした。しかし、

2050年には都市部人口は68％にも達するとも予測されています。世界の都市化は急速に進んでいるのです。それは、今後の世界で都市が果たす役割がますます大きくなることを意味しています。

都市が生まれる原理を理解し、都市の役割を知ることは、社会の仕組みを理解するためには避けて通れなくなっています。何よりも、都市は興味深い研究対象です。この本が皆さんの都市への興味を掻《か》き立て、都市の力を探求する一助になれば幸いです。

目次 ＊ Contents

第2章　「多様性」と「輸送費用」の役割

第3章　集積と経済成長

第1章　なぜ都市ができるのか

なぜ都市ができるのでしょうか。なぜ都市には多くの人々や企業が集まっているのでしょうか。人々はいつから都市を作って暮らすようになったのでしょうか、何をきっかけに都市を作ったのでしょうか。長い人類の歴史の中で、人々が集まって大きな都市を作って住むようになったのはそれほど古いことではありません。しかし、人々が都市を作るようになってからは、元のようにバラバラに散って住む生活には戻りませんでした。都市での生活はさまざまなものを人間にもたらしてくれたからです。この章では、どのようなきっかけで都市ができたのか、考えてみましょう。

1　自給自足の時代

人類の誕生以来、人間社会は狩猟採集による自給自足の時代が長く続きました。狩猟採集による自給自足の時代には多くの人々が集まって住むことは不可能でした。食料になる動物や植物が多く採れる場所に多くの人々が集まって住む傾向はありましたが、あまりに多くの人々が集まってしまうと、動植物はすぐになくなってしまうからです。

大きな獲物の狩猟を成功させるために少人数のチームを作るということは考えられますが、大きすぎるチームを作ると食料が足りなくなってしまいます。また、他の人々から襲われることを防ぎ、自衛するためにある程度の人数で集まって生活することも考えられます。しかし、この場合にも集まる人数を多くしてしまうと食料の確保の問題に突き当たります。

狩猟採集による自給自足の段階では、都市よりも小規模な町や村を形成することですらも難しかったのです。この段階では、狩猟採集や自衛の必要に応じた最低限度の人数で集まって生活を営んでいました。さらに、狩猟採集による自給自足の時代には、定住して生活することも難しかったでしょう。1か所にとどまって生活していると、動植物を食べつくしてしまうからです。つまり、この時代には人々が多くの人数で集まって、長い期間1か所に定住することはとても難しかったのです。

狩猟採集のみで生活を成り立たせていた時代が終わると、農耕による自給自足の時代が始まりました。約1万年前にはメソポタミアの肥沃三日月地帯において麦の生産が始まっていましたし、やはり約1万年前には中国の長江流域では稲の生産が始まっていました。日本では紀元前10世紀頃に九州に稲作が伝わり、その後紀元前3世紀にかけて関東地方にまで広がっていったと考えられています。

農耕が始まると、人々は農耕に適した土地を見つけてそこに定住を始めます。農耕とは土地を使って食料を生産することですから、定住することによって食料が枯渇することはなくなったのです。

土地が肥沃で食料が豊富に作れる場所では、狩猟採集時代よりも多くの人々が集まって住むことが可能になりました。また、定住が可能になったので、これまでよりも立派な住宅の建設も始めたことでしょう。農耕の開始は人々が村を形成することを可能にしたのです。

しかし、農耕の開始で形成された村は小規模なままにとどまり、町や都市に発展することはなかったのです。村の規模は、土地で生産される食料の量によって決められているからです。

馬や牛による輸送が始められ、車輪が発明されるまでは、村と村の間で物を交換することも難しかったでしょう。初期の農耕社会では、小さな孤立した村で自給自足の経済が営まれていたと考えられます。自給自足の村では、外から物を調達することができないわけですから、基本的には全ての食料を村の中で生産しなくてはなりませんでした。ですから、自給自足の村の人口規模は、村の土地の肥沃さと農耕技術によって決まっていたのです。

自給自足の農耕社会でも、農業の技術革新はありました。稲の穂先を刈り取る石器、稲を貯蔵するための高床式の倉庫、こういった技術の発明によって同じ土地の広さでもより多くの食料を収穫し、貯蔵することが可能になりました。このような農業の技術革新は村の人口規模を大きくすることを可能にしました。こうして徐々に大きな村を作って人々は住むようになっていきました。

2　交易がもたらす変化

農耕社会の村々が自給自足経済であったことの大きな理由は、人々が移動することに時間がかかり、物を運ぶことが難しかったからです。

人々の移動手段が徒歩のみだった時代には、離れた村に移動することに時間がかかりました。また、牛や馬の力を借りず、人力のみで物を運んでいる場合、運べるものの重さ、大きさにも限りがあります。生産された米や麦や羊毛を他の村に運ぶことには、とても時間がかかります。おまけに人力では、ごく少量の物品しか運べません。

このような場合には交易は行われず、各村は自分の村で生産された物品しか消費できないのです。この状態を変化させたのは、輸送手段の技術革新です。具体的には、馬や牛の家畜化、そして車輪の発明です。

紀元前3500年頃にはすでに馬が家畜化されていました。馬の家畜化は、掘り出された遺跡の馬の歯にハミ（馬の口に含ませる金具）の痕が見つかったことで明らかになりました。ハミの発明によって、馬が人間の移動手段になったのです。

車輪は紀元前4000年紀にはヨーロッパや西南アジアに広まり、中国では紀元前1200年には車輪が使われていたことがわかっています。日本では『日本書紀』の履中《りちゅう》天皇紀（紀元400年頃）に天皇の車を作る部族を指す車持部《くるまもちべ》という名が見られますし、雄略天皇の代に牛に引かせる輜車《ししゃ》が用いられていたとの記述も残されています。奈良時代には人力の荷車が登場し、平安時代には貴族の乗り物として牛車が登場しました。

馬の動力化や車輪の発明によって人間社会は自給自足から脱出する手段を手に入れました。これによって、人々が他の地域に移動したり、物を他の地域に運んだりすることの費用が下がったのです。移動時間が大幅に短縮され、運べる物の重さや大きさの制約も大幅に緩和されました。このような輸送手段の技術の発展により、交易の可能性が生まれたのです。では、交易が村にもたらした変化について考えてみましょう。

「比較優位」と「機会費用」

交易が自給自足の村にもたらした変化について考える際に重要なのは、「比較優位」という考え方です。この考え方は、イギリスの経済学者であるデイヴィッド・リカードによって1817年に出版された『経済学および課税の原理』の中で発表されました。以下では比較優位の考え方を解説します。

村Aと村Bという二つの村があります。二つの村では食用の米と衣服に加工するため

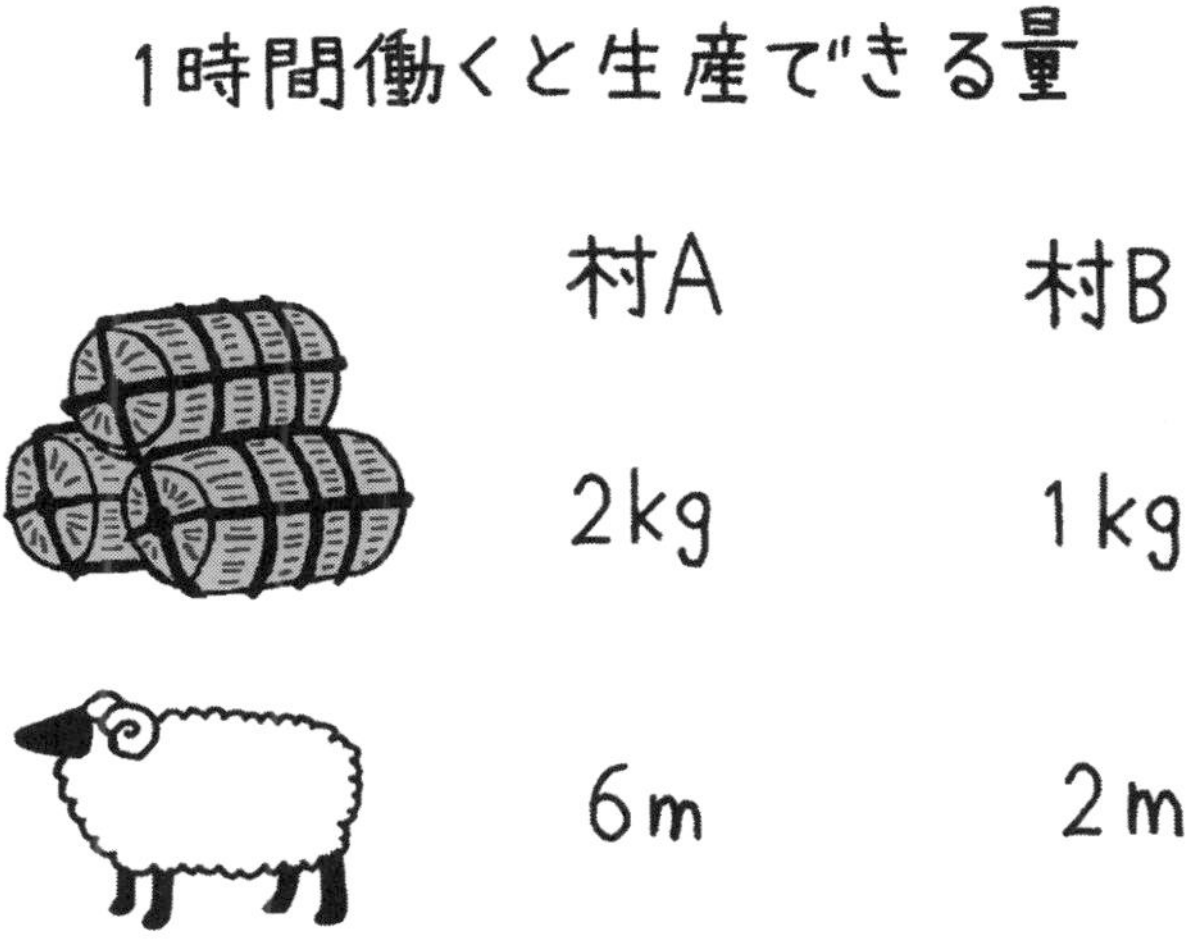

の羊毛を生産することが可能です。村Aでは、1時間働くと、米なら2キロ、羊毛なら6メートル生産することができます。対して、村Bでは、同じく1時間働くと、米を1キロ、羊毛を2メートル生産することができます。

すなわち、村Aでは、村Bと比較すると同じ労働時間で米を2倍、羊毛を3倍生産することが可能なのです。村Aは土壌が豊かで米の生産性が高く、羊の食料になる植物も豊富に生息しているような場合にはこのようなことが起こります。また、村Aは技術が進んでいて、米の生産や羊毛の生産に適した優れた道具を使っている場合にもこのようなことが起こるでしょう。これを、村Aは村Bに対して、米の生産にも羊毛の生産にも「絶対優位」を持っていると言います。

それでは、このような二つの村が交易を始めるとどのようなことが起こるでしょうか？　米も羊毛も村Aの方が生産性が高いのだから、両方の財が村Aで生産され、村Bの米産業と羊毛産業は駆逐されてしまうのでしょうか。

実はこのようなことは起こらないことが知られています。村Aで1時間働くと、米を2キロ生産できます。しかし、この労働1時間を羊毛生産に投入していれば、羊毛が6メートル生産できていたはずです。つまり、米を2キロ生産するために羊毛を6メートル犠牲にしていることになります。同様に、村Aでは労働1時間で羊毛を6メートル生産できますが、これを米の生産に投入していれば、米が2キロ生産できていたはずです。すなわち、羊毛を6メートル生産するために米を2キロ犠牲にしたのです。

この、何かを生産するために犠牲にしたものこそが「機会費用」です。村Aでは、米2キロを生産することの機会費用は羊毛6メートルであり、羊毛6メートルを生産することの機会費用が、米2キロなのです。

それでは、村Bの、それぞれの財の生産の機会費用を見ていきましょう。村Bでは、労働1時間で米を1キロ生産できますが、この労働が羊毛生産に使われていれば羊毛が2メートル生産できます。すなわち、米を1キロ生産すると羊毛が2メートル犠牲になります。逆に、労働が1時間羊毛生産に使われると羊毛が2メートル生産されますが、この労働が米の生産に投入されていれば1キロの米が収穫できます。すなわち、羊毛2メートルの生産で米が1キロ犠牲になっています。つまり、村Bでは、米1キロを生産することの機会費用が羊毛2メートルであり、羊毛2メートルを生産することの機会費用が米1キロなのです。

今のままでは、機会費用の大きさを比較しづらいので、米1キロ、羊毛1メートル当たりを生産することの機会費用を求めてみましょう。すると、村Aでは米1キロを生産することの機会費用は羊毛6÷2＝3メートルになります。そして、羊毛1メートルを生産することの機会費用は、米2÷6＝1／3キロになります。対して、村Bでは、米1キロを生産することの機会費用は羊毛2メートルですし、羊毛1メートルを生産することの機会費用は、米1÷2＝1／2キロになります。

すると、村Aでは米1キロを生産することの機会費用＝羊毛3メートルが、村Bで米1キロを生産することの機会費用＝羊毛2メートルよりも高いことがわかります。すなわち、村Aで米を生産しようとすると、より多くの量の羊毛の生産を犠牲にしなくてはならないのです。これは、村Aで米を生産した場合、村Bで米を生産するよりも多くの物を失っていることを意味します。

今度は、羊毛生産の機会費用を見てみましょう。村Aの羊毛1メートルの生産の機会費用が米1／3キロなのに対して、村Bの羊毛1メートルの生産の機会費用は米1／2キロです。すなわち、村Aでは羊毛を1メートル生産するために米1／3キロが犠牲になるのに対して、村Bで羊毛を1メートル生産すると、羊毛が1／2メートル犠牲になるのです。つまり、村Bで羊毛を生産すると、村Aで羊毛を生産するよりも多くの物を失っているのです。

以上のことから、村Aは米の生産をやめて羊毛の生産に専念し、村Bは羊毛の生産をやめて米の生産に専念すると、社会全体で犠牲にするものが少なくなることがわかります。

米 1kgあたりの機会費用

	村A	村B
	3m	2m

村Aで米を生産すると失う羊毛が多い

羊毛 1kgあたりの機会費用

	村A	村B
	1/3kg	1/2kg

村Bで羊毛を生産すると失う米が多い

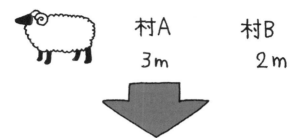

両方の村では1日当たり10時間の労働があり、それを米の生産と羊毛の生産に好きなように振り分けているとします。当初、二つの村の間の移動が難しく、自給自足であるとすると、それぞれの村は米と羊毛を自前で調達しなくてはなりません。村Aでは米の生産に労働を4時間、羊毛の生産に労働を6時間使っているとします。すると、米が8キロ、羊毛が36メートル生産されます。それに対し、村Bでは米の生産に労働を2時間、羊毛の生産に労働を8時間使っているとします。すると、米が2キロ、羊毛が16メートル生産されます。

自給自足の場合、各村は米も羊毛も自前で調達する必要があるので、両方の財を生産する必要があります。すなわち、村Aが米の生産をやめたり、村Bが羊毛の生産をやめたりすることはできないのです。すると、村Aでは米8キロと羊毛36メートルで賄える人口より多くの人が住むことはできません。村Bでも米2キロと羊毛16メートルで賄える人口より多くの人が住むことはできないのです。村Aと村Bの社会全体では、米を8＋2＝10キロ、羊毛を36＋16＝52メートル生産しています。

村Aで米の生産を1キロ減らすと、羊毛の生産が3メートル増えます。村Bで羊毛の

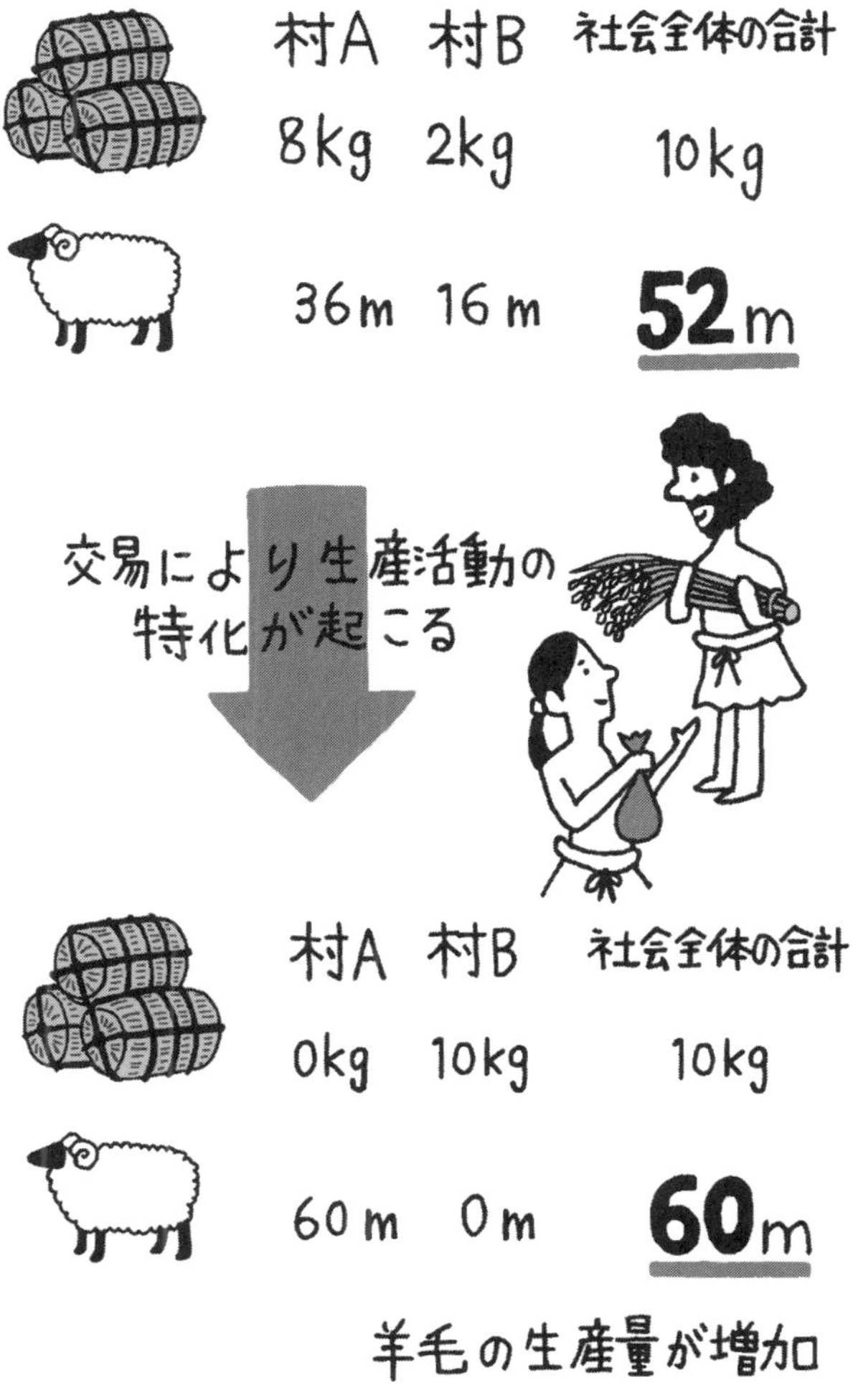
村A 村B 社会全体の合計
8kg 2kg 10kg
36m 16m 52m
交易により生産活動の
特化が起こる
村A 村B 社会全体の合計
0kg 10kg 10kg
60m 0m 60m
羊毛の生産量が増加

生産を1メートル減らすと、米の生産が1／2キロ増えます。村Aで米の生産をやめると、米の生産が8キロ減る代わりに羊毛の生産は24メートル増えます。村Bで羊毛の生産をやめると、羊毛の生産が16メートル減る代わりに米の生産が8キロ増えます。すなわち、社会全体での生産量は米10キロ、羊毛が60メートルになります。村Aが羊毛の生産に、村Bが米の生産に専念することで、社会全体でのコメの生産量は変化しませんが、羊毛の生産量が8メートル増えているのです。

このような社会全体での生産量の増加を可能にするのが交易です。馬や牛の家畜化、車輪の発明により、村と村の間で大量の米や羊毛が短い時間で輸送可能になると、交易が始まります。米1キロに対して、羊毛2・5メートルの比率で二つの財が交換されるとすると、村Aでは羊毛60メートルを生産し、そのうちの20メートルを村Aに移出し、米を8キロ移入することが可能になります。このことにより、村Aでは米8キロと羊毛40メートルの消費が可能になります。

この時、村Bは米10キロを生産し、そのうちの8キロを村Aに移出し、羊毛20メートルを移入しています。すなわち、村Aでは米2キロと羊毛20メートルの消費が可能です。

自給自足の時と比べると、両方の村で米の消費量は変化していませんが、村Aでは羊毛の消費量が4メートル、村Bでも羊毛の消費量が4メートル増えているのです。

土壌が豊かになったわけでも、米の生産や羊毛の生産に技術革新が起こったわけでもありません。それでも輸送技術が進んだことによる交易の開始は、社会全体の財の生産量が増えることを可能にし、両方の村を豊かにしたのです。

交易の開始は、村Aと村Bの人口が増えることを可能にします。両方の村で羊毛の消費量が増えたので、両方の村の人口が増えることが可能になったのです。馬の家畜化や車輪の発明といった輸送技術の発達による交易の開始は、農耕による自給自足の小さな村の人口を増やすことに成功し、新たに町の形成を可能にしたのです。

しかし、それだけでは町が都市に発展することはできません。都市の形成に必要になるのは、企業と産業革命です。

3　労働生産性が重要な理由

私たちの経済活動は「物を消費する」「物を生産する」「物を交換する」ことに分けら

れます。

物を作ることが生産活動にあたり、主に企業がその役割を担っています。企業は物を作るときに人々を雇い（労働者）、それとともにコンピューターなどの設備を備えて生産活動にあてています。

企業が物を作ることの目的は、それを売って、なるべくたくさん儲《もう》けることです。企業の儲け（利潤）は作ったものの売り上げ（物の価格×物の数）から物を作るのにかかった費用、つまり労働者に払う賃金とコンピューター等の生産設備を買う（もしくは借りるのに）かかった費用を引いたものになります。

企業がなるべく多く儲けるためには、雇った労働者1人当たりになるべく多くのものを作ってもらわなくてはなりません。労働者1人当たりが与えられた時間当たりに作れる最大限の物の量のことを「労働生産性」と言います。企業にとっては、雇った労働者の労働生産性が高いと、同じ人数を雇って同じ額の賃金を払ってもより多くの物が作れるということになり、必然的により儲けが多くなることを意味しています。つまり、企業にとって雇った労働者の労働生産性が高いことは望ましい状況だということです。

次に、消費者、そして労働者の立場で考えてみましょう。私たちは日々買った物を消費しています。食事をすることも、服を着ることも、スマートフォンを使うことも全て消費活動です。消費活動をすることの理由は、生活上の必要性（衣食住はその代表です）や利便性（スマートフォンやゲームのような、生きるうえで必ずしも必要ではないが、生活を便利にするもの）のためですが、大雑把にまとめると満足感を上げるためであると言えます。

なるべく多くの満足感を得るためには、一般的には多くの物を消費できたら良いでしょう。多くの物を消費できるようになるためには、多くのお金、つまり所得を持っていたらよいはずです。それでは人々の所得はどこから来るのでしょうか。多くの場合、所得の大きな部分は、働くことから得られる給料、つまり賃金によって成り立っています。人々は賃金が高いと多くの消費を行うことができるので高い満足感を得ることができます。まとめると、賃金の高い状況こそ人々にとって望ましいと言えるでしょう。

消費者が高い満足感を得るために望ましい状況は賃金が高いことだと書きました。それでは、賃金はどのような場合に高くなるのでしょうか。それを知るためには、賃金がどのように決まっているかを考える必要があります。

実は、労働者の賃金はその労働者の労働生産性によって決まっています。与えられた時間当たりにたくさんの物を作れる労働者は、それだけ多くの収入を企業にもたらします。このような労働者には企業も高い賃金を支払います。逆に、与えられた時間当たりに少ししか物を作れない労働者は、企業にほとんど収入をもたらしません。このような労働者には企業も低い賃金しか支払わないのです。

すると、労働者として働いている消費者にとっては高い労働生産性こそが高い賃金をもたらしてくれるということになります。つまり、消費者にとっても、企業にとっても高い労働生産性こそが重要であるということがわかります。

4　分業による協業と規模の経済

これから、企業が工場を何個作るか考えましょう。経済学の開祖であるアダム・スミスに倣い、ピンを作る工場を例にします。

始めに、企業が労働者だけでピンを作っている場合を考えます。つまり、工場には何の生産設備もなく、労働者が手作業でピンを作っているのです。労働者1人当たりでピンを一つ作れるとします。労働者はピンの生産の全工程を1人でこなしています。

この場合、工場を一つ作ってそこで全ての労働者を働かせても、労働者の数と同じ数の工場を作っても、企業の生産量には何の変化もありません。つまり、工場の数は何個でも良いということになります。労働者はそれぞれの自宅でピンを作り、それを企業に納めて対価を賃金としてもらうことになるでしょう。生産設備がなく、労働者が1人でピンを作る全工程を受け持っている場合、工場は何個でもよく、もしくは工場は作られずに労働者の自宅でピンが作られるのです。

ここで、労働者が集まって役割分担をする場合を考えてみましょう。労働者が2人集まったとき、1人はピンの先端部分を作ることのみに、もう1人はピンを綺麗《きれい》に伸ばすことのみに専念するとします。

すると、各労働者は自分に割り振られた工程に集中できるので、作業効率が高くなることがわかると思います。ピンの先端を作ることを任された労働者はその作業をやればやるほどその工程に習熟し、素早く、上手にできるようになっていくでしょう。ピンを伸ばすことに専念している労働者も同じです。労働者の人数が増えると、ピンを作る工程をどんどん細分化していくことが可能になり、各労働者は細分化された単純な工程に専念することで生産性を上げていくことが可能になることでしょう。

このように、労働者が役割分担を行う場合には、工場を一つにして、そこに多くの労働者を集めたほうが生産効率が高くなります。各労働者がピンを作る全工程を1人で担当する場合には工場が建てられなかったのですが、労働者が役割分担を行うようになると、工場を一つ建て、そこに多くの労働者を集めることで企業はよりたくさん儲けることが可能になるのです。

技術革新が起こるとどうなるか

次に、技術革新が起こり、ピンの生産に機械が使われるようになったとします。企業が生産設備として機械を使い、機械と労働者でピンを作るようになったのです。

企業が作る物の量が比較的少なくて、機械1台当たりの価格がとても高い場合を考えてみましょう。この場合、企業は一つだけ工場を作り、機械1台を買って労働者を雇い、全ての生産活動を行うでしょう。機会1台に加え、雇う労働者の人数を増やしていくと、1台あたりの機械で作れるピンの量は増えていきます。機械の価格がとても高いので、企業は機械の数を1台から増やさず、労働者の人数を増やしてピンの生産を増やします。

このように、生産設備が（ここでは機械）がとても高く、作らなくてはならないピンの量がそれほど多くない場合、企業は工場を一つだけ作り、そこで全ての生産活動を行います。企業が1台の機械を中心に工場を一つだけ作ったので、工場が置かれた地域はピン工場の「企業城下町」になったことになります。

ピンの需要量が多くなり、企業が多くのピンを生産するようになったとします。生産量を増やすために企業は機械を1台増やし、2台にしたとします。この企業は機械をどこに置くでしょうか。既に稼働している工場で以前買った機械と一緒に使うでしょうか。それとも新しい工場を作ってそこに機械を置くでしょうか。

それぞれの場合を考えてみましょう。まず、既に稼働している工場に2台目の機械も置く場合を考えましょう。機械を2台にし、雇う人も2倍にしたらどうなるでしょうか。この時、作れるピンの量が2倍よりも減ってしまうのであれば、工場をもう一つ作った方が良いことになります。なぜなら、工場を二つ作り、機械をそこに置いて一つ目の工場と同じ人数の労働者を雇えば、生産量は2倍になるからです。逆に、一つの工場の中で機械を2台にして労働者を2倍雇うと作れるピンの数が2倍より多くなるのならば、2台目の機械も一つの工場の中に置いた方が良いでしょう。

一つの工場の中の機械を2台にして労働者も2倍にした時、生産量が2倍より少なくなってしまう原因は何でしょうか。たとえば工場がとても狭くて人々がひしめき合っているような場合、労働者は神経をすり減らし、疲れ果てて生産効率が悪くなってしまうことがあるでしょう。また、2倍に増えた労働者の働きぶりを監視することは明らかに大変になります。監視のすきをついて怠けようとする労働者も出てくるでしょう。このようにして、機械と労働者を2倍にしても生産量が2倍に届かない場合が出てくるのです。

逆に、機械と労働者が2倍になるとピンの生産量が2倍より多くなるのはどのような場合でしょうか。労働者の人数が増えるとそれだけ良い作業方法を考え付く人が増える場合、生産効率は良くなるでしょう。「3人寄れば文殊《もんじゅ》の知恵」という諺《ことわざ》が言う通りのメカニズムです。

労働者の人数が増えるとより細かく役割分担を行うことも可能です。ある人はピンを曲げる作業だけ、ある人はピンの長さを測るだけの作業を行えるようになります。一つの作業を続けることで労働者たちはその作業がみるみる上手になることでしょう。すると、生産効率は上がります。

人間だけではなく、機械も役割分担を行えるようになります。機械2台が同じ工場内にあると、ピンを曲げる計算をする機械とピンの長さを計算する機械に役割を分担することができるようになります。すると、1台の機械で両方の作業をやっていた場合、ピンを曲げる計算をしている時にはピンの長さを測ることはできません。しかし、2台の機械で役割分担をすると、作業が同時に行われることになり、効率が上がるでしょう。このようにして機械と労働者が2倍になると生産量が2倍を超える場合が出てくるのです。

機械と労働者が2倍になると生産量が2倍より多くなるのか少なくなるのかは、工場の広さや労働者の持っている知識、さらには機械の性能などさまざまな要因によって決まります。重要なのは、生産量が2倍より少なくなってしまうのならば、企業は工場を二つにするし、2倍より多くなるのならば工場は一つのまま、機械の数を2台にするということです。この場合、工場のある地域ではより多くの労働者が雇われるようになり、多くの人々が住むようになるでしょう。その地域ではより多くのピンが生産されるようになります。ピンの生産を中心に都市が生まれるのです。

この節のまとめ

以上の議論をまとめます。

①機械がなく、各労働者が1人でピンを作る全工程を担当する場合、労働者は自宅でピンを作って企業に納めます。

②労働者が役割分担を行い、ピン生産の工程を細分化する場合、工場を一つ作ってそこに多くの労働者を集めます。

③機械が1台で全ての生産を賄《まかな》える場合、1台の機械を工場に備え、そこで全ての労

働者が働き、その工場を中心に町が形成されます。

④機械と労働者を2倍にすると生産量が2倍より多くなる場合、企業は2台の機械を一つの工場に置き、そこでより多くの労働者を雇います。その工場を中心に都市が形成されます。

①のように、労働者がそれぞれピン生産の全工程を1人で行う場合、経済活動が集まることはありません。②の例では、各労働者が協力してピン生産を行っています。これは「分業による協業」と呼ばれるメカニズムです。ピンの生産工程を細分化し、労働者がそれを役割分担することでこなしていきます。各労働者は細分化された工程に専念することで作業に早く習熟していきます。その結果、より短い時間で大量のピンを生産することが可能になるでしょう。

分業による協業は、労働者が1か所に集まって生産活動を行うことの重要な理由の一つです。分業による協業がなく、個々の労働者が全工程を1人で行っている場合、生産活動を集まって行うことはありません。個々の労働者はそれぞれの自宅を小さな工場としてばらばらに生産活動を行うでしょう。しかし、分業による協業が可能になると、労働者は1か所に集まって生産活動を行うようになります。

一つの工場に集まって生産活動を行う労働者は工場に通勤する必要があるので、その近くに住むようになるでしょう。こうして小規模の都市が形成されます。分業による協業は、それを可能にする工場とそれを中心にした小規模の都市を生み出すのです。
③の例では技術革新が起こり、生産活動に機械が使われるようになっています。18世紀にイギリスで始まった産業革命により、生産活動には大規模な設備が導入されるようになりました。たとえば、1773年の飛び杼《ひ》(布を織る装置)、1769年のジェニー紡績機、水力紡績機、1779年のミュール紡績機、1785年の力織機、1793年の綿繰り機、1830年の自動ミュール精紡機などはこの時期にイギリスの繊維産業で興った重要な技術革新ですが、こういった技術革新は労働生産性を飛躍的に上昇させました。これまで手作業もしくは簡単な設備で行われてきた工程が自動化され、労働生産性が高まったのです。
個々の企業はこぞってこのような生産設備を導入し、イギリスの繊維産業は著しい発

展を遂げました。この過程で、企業は高価で大規模な生産設備を導入するようになったのです。これが新たに生産活動の集積の原因を生み出しました。

③は1台の機械を中心に多くの労働者が集まってくる例です。ポイントは、機械1台が非常に高価であることです。生産しなくてはならないピンの量に対して機械が非常に高価であるため、個々の労働者は機械を買うことはできません。手元に資金を持っていたり、銀行からお金を借りることが可能だったりする企業が機械を買うことができます。しかし、企業は高価な機械を1台より多く買うことはしません。1台の機械に対して労働者の人数を増やすことで、ピンの生産量を増やしていきます。

生産量を増やせば増やすほど、ピン1本の生産にかかる費用が減っていく場合のことを「規模の経済」と呼びます。ピン1本の生産にかかる費用は《ピン1本の生産にかかる費用＝（機械の価格＋労働者1人当たり賃金×労働者の人数）÷生産したピンの本数》で表せます。

機械を1台導入すると、1人の労働者で2本のピンを作れるとしましょう。すると、上の式は《ピン1本の生産にかかる費用＝機械の価格÷生産したピンの本数＋労働者1

人当たり賃金÷2》と書き換えられます。すると、《機械の価格÷生産したピンの本数》の値はピンの本数が増えるごとに減っていきます。対して、《労働者1人当たり賃金÷2》の値はピンの本数とは無関係です。したがって、ピン1本の生産にかかる費用は生産したピンの本数が増えると低下していくことがわかります。これが「規模の経済」です。

規模の経済は、労働者が集まって生産を行うことの理由になります。企業は高価な機械を導入した後、ピン1本の生産にかかる費用を低下させるために、なるべく多くのピンを生産しようとするでしょう。すると、一つの工場当たり多くの労働者を雇う必要が出てきます。こうして多くの労働者が一つの工場に集まって生産活動を行うようになります。工場に通勤する必要のある労働者は工場の近くに住むようになり、ピン工場を中心にした都市が形成されるでしょう。分業による協業によって形成される小規模の都市よりも大きな都市が形成されます。

④は機械と労働者の両方を増やすと、ピンの生産量がそれ以上に増える場合です。労働者と機械の両方が分業による協業を行っていると、生産効率はどんどん高くなってい

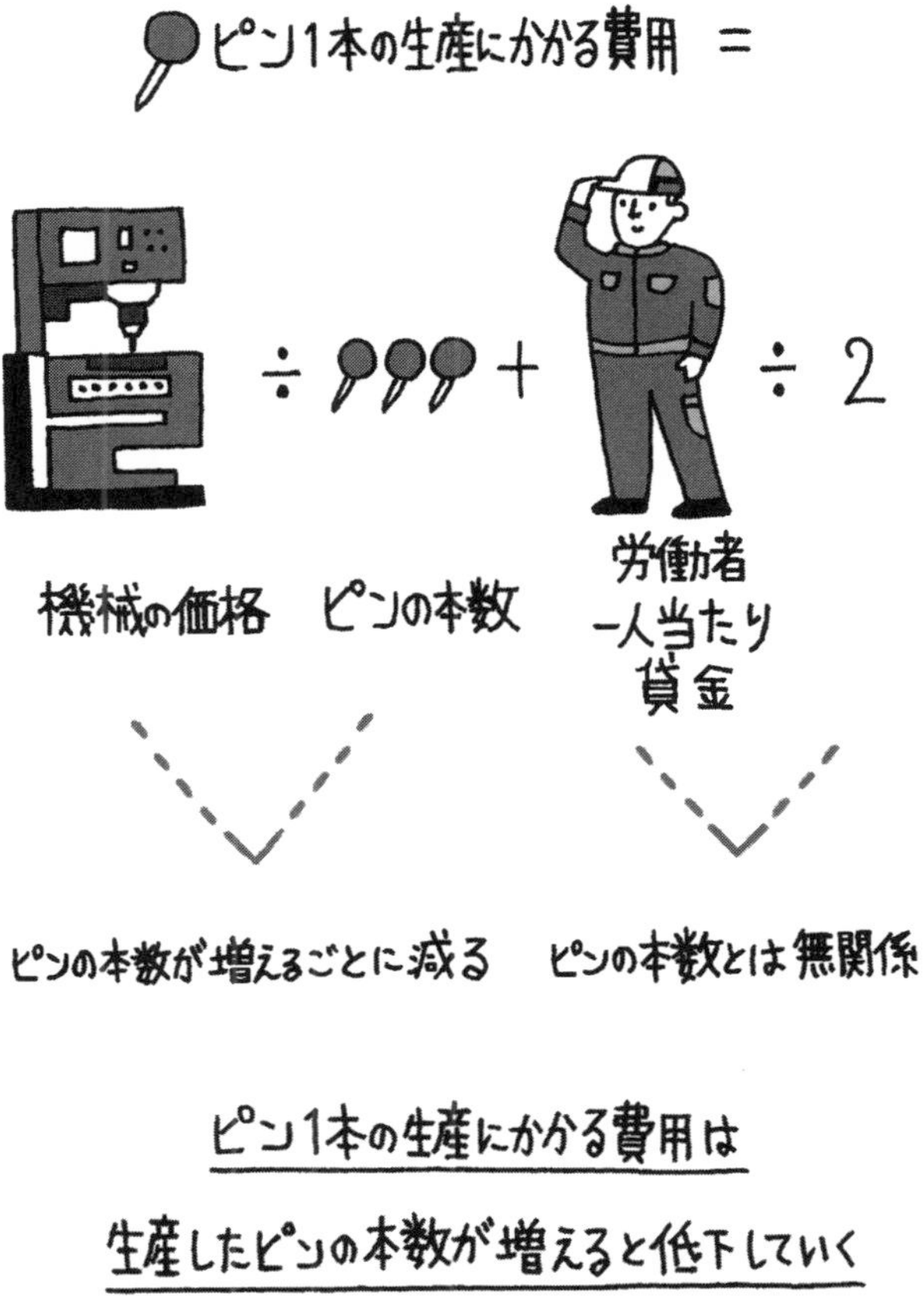
ピン1本の生産にかかる費用 ＝
÷
＋
÷ 2
機械の価格
ピンの本数
労働者一人当たり賃金
ピンの本数が増えるごとに減る
ピンの本数とは無関係
ピン1本の生産にかかる費用は
生産したピンの本数が増えると低下していく

きます。機械が生産に導入されていることから規模の経済も働くことでしょう。こうして分業による協業と規模の経済の両方が働くようになると、一つの工場ではより多くの人数の労働者が働くようになります。こうして都市が中規模になり、中規模の都市が生まれてきます。

分業による協業と、規模の経済は企業が1か所に大きな工場を建設し、そこに多くの労働者を集めることで生産効率を高めることの原因になっています。これは、企業城下町のように単独の企業が生み出す中規模の都市を形成する主要な要因にはなりえます。しかし、これは多くの企業が集積して生産活動を行う理由にはなっていません。つまり、分業による協業と規模の経済だけでは多くの企業と労働者が集まる大規模な都市の形成には至らないのです。

大規模な都市が生まれるためには、企業や労働者が集まることで労働生産性が高まることなどの利益が生まれる「集積の経済」が必要になります。「集積の経済」には、同じ産業が一つの地域に集まることで生まれる「地域特化の経済」と大都市が形成されることで生まれる「都市化の経済」が含まれます。

5　同じ産業が一つの地域に集まると生まれる地域特化の経済

同じ産業に属する企業が同じ地域に集積する現象は、数多くみられます。アメリカのカリフォルニア州シリコンバレーにはソフトウェア産業が集積していますし、愛知県豊田市には自動車産業が、新潟県燕《つばめ》市、三条市には金属製品企業が、福井県鯖《さば》江《え》市には眼鏡を生産する企業が集積しています。同一の産業が一つの地域に集積することで利益が生まれることを「地域特化の経済」と呼んでいます。

地域特化の経済とは、同一産業に属する企業が多数集積することで生まれる利益のことです。同一の産業に属する企業ですから、本来はお互いに競争相手になっているはずです。しかし、金属器を生産する企業は新潟県燕市、三条市に多数集積しています。また、東京の新宿や銀座、大阪の梅田に行くと、たくさんのアパレル産業や外食産業が店を出しています。ユニクロ、ユナイテッドアローズ、ビームスといったアパレル店は顧客をめぐってお互いに激しく競争しているはずですし、居酒屋やバー、レストランも激しく競争しているにもかかわらず、狭い地域内に集まって立地していることがとても多いのです。こういった現象が起こる理由を考えてみましょう。

マーシャルの経済

19世紀のイギリスの経済学者、A・マーシャルは産業革命後のイギリスで多くの労働者と企業が集まって都市を形成している理由を考えました。それは、マーシャルの経済と呼ばれ、都市・地域経済学においては現在に至るまで大きな影響力を持った考え方となっています。

ここでは、マーシャルの経済を見てみましょう。

①人々が集まると、生産活動に必要な情報をお互いにやり取りすることができる

一つの工場の中で労働者を2倍にした場合に生産量が2倍より多くなる場合があることは説明しました。この場合は、一つの工場で労働者の人数が増えた場合の議論でしたが、ここでは一つの地域に多くの企業が集まってきた場合を考えてみましょう。

一つの地域の中で働く労働者の人数が増えると、良いアイデアを持っている人の数も増えるでしょう。同じ地域の中に住んでいると、レストラン、バー、スポーツジム、または同じ学校に通う子供のＰＴＡ活動等、さまざまな場所で労働者たちは出会います。そういった出会いの中でお互いの持つアイデアを交換する機会も生まれて来ます。企業の経営方法、最先端のプログラミング技術、お互いの企業の人事情報、もしくはこれから生まれる新製品に関する情報など、さまざまな情報やアイデアが交換され、共有されることでしょう。

こういった情報やアイデアが交換され、共有されると、それだけでお互いの企業の生産性は高まります。より良い経営方法、より優れたプログラミング技術に関する知識が共有されると、両方の企業はその経営方法、プログラミング技術を採用するでしょう。さらには、その経営方法、プログラミング技術を踏み台にしてより優れた経営方法、プログラミング技術を開発するかもしれません。

より優れた能力を持った人材に関する情報を得た企業は、その人材を確保しようとするでしょう。新たに雇った優れた人材は他の優れた人材に関する情報をもたらし、その地域の企業は優れた人材を次々に探し出すことにつながります。より優れた新製品の情報が共有されると、企業は切磋琢磨《せっさたくま》して新製品を分析し、より優れた製品を作る方法を開発するかもしれません。多くの企業と多くの労働者が一つの地域に集まると、情報交換とその共有を通じて、お互いの生産性を上げる効果があるのです。

このような集積の例として最も有名なのは、シリコンバレーでしょう。カリフォルニア州北部に位置するシリコンバレーには多くのソフトウェア企業が集積しています。そこでは世界各国から集まった、専門知識を持った多くの有能な技術者が働いています。彼らは自分の持つ最先端の専門知識を交換することでお互いの生産性を上げることに成功しています。また、東京の兜町《かぶとちょう》にある金融市場もこのような集積の例になります。金融市場では、たとえば株式が取り引きされています。株式の取り引きで儲けるためには、秒単位で変化する状況を正確に分析するための情報や知識が重要です。そのような情報は、銀行や証券会社の専門知識を持った労働者間の情報交換によって交換され、共有されているのです。

このような専門知識を持った労働者間の情報交換で生産性が上がる顕著な経済活動が、イノベーションです。多くの場合、イノベーション活動は広い土地で植物を育てたり、大きな工場で大きな物を作ったりする活動ではありません。つまり、イノベーション活動には広い土地や大規模な機械設備が必要なわけではないことが多いのです。イノベーション活動に必要なのは、高度な専門知識になります。

広い土地や大規模な機械設備ではなく、多くの専門知識が必要な生産活動を「知識集約的」であると呼びます。知識集約的な生産活動は、広い土地が必要であったり、大規模な機械設備が必要であったりする生産活動よりも、狭い地域の中に集まって行われる傾向にあることが知られています。ソフトウェア産業のように多くのイノベーション活動が行われる知識集約的な生産活動がシリコンバレーに集まっているのは典型的な例です。知識集約的な生産活動が空間的に集まる傾向にあることの理由は、専門知識を持った労働者が一つの場所に集まって情報交換をすることにあるのです。

②人々が集まる場所には、物を作るには必要だが他の場所に運ぶことが難しいものが存在する

シリコンバレーには多くのソフトウェア企業が集積しています。そういったソフトウェア企業の多くは創業から長い時間が経っているわけではない若い企業です。つまり、ベンチャー企業に端を発しているのです。

そういったベンチャー企業の多くは創業時に多くの資金を借り入れによって賄っています。このようなベンチャー企業に多くの資金を融通しているのはベンチャーキャピタルと呼ばれる金融機関です。ベンチャーキャピタルのような金融機関もシリコンバレーに多く立地しています。このような金融機関は貸し出した資金が利子をのせて返済されることでお金を儲けています。

ベンチャー企業にお金を貸し出したが、その企業の事業が失敗して資金が返済されないと、金融機関は損失を出してしまいます。つまり金融機関にとっては将来有望な事業に融資することが重要になるのです。事業が有望なのか、そうではないのか見極めるためには事業主と実際に会って話をしたり、事業を直接観察したり、はたまた事業の評判を収集したりする必要があります。こういった企業とその事業に関する情報は、人と人が顔と顔を合わせるフェイス・トゥー・フェイス（face to face）でやり取りされることがとても多いのです。人と人が会って直接情報をやり取りするためには、お互いに近くに居る必要があります。つまり、ベンチャーキャピタルのような金融機関は、有望な事業が多く生まれる地域に立地することで儲ける機会を得ているのです。

こういった金融機関が事業を観察しその将来を査定する力、そしてそれに基づいて行われる融資、これらは他の場所に運ぶことが難しいものに相当します。なぜなら、こういったサービスをほかの地域に移動させるためには、専門知識を持った金融機関の従業員を移動させなくてはならないからです。

さらに、金融機関の集積は法律事務所の集積を生み出します。なぜなら、金融機関が企業や個人に融資を行う際には契約を結ぶ必要があるからです。融資にまつわる契約書を作成するためには、法律の専門知識が必要です。このような法律の専門知識を提供し、信頼にたる契約書を作成しているのが法律事務所なのです。こういった法律事務所の提供する契約書の作成に必要な法律の専門知識も他の地域に動かすことが難しいものに当たります。なぜなら、法律の専門知識を動かすためには、その知識を持った人を動かす必要があるからです。

ロンドンやニューヨーク、東京には多くの金融機関が集積しています。同時に、こういった大都市には多くの法律事務所も集まっています。大都市の金融機関は、その大都市に集まる多くの企業に融資を行っています。そのような融資を支えているのが、大都市に集積する多くの法律事務所なのです。

③多くの労働者が集まってくると、有能で労働生産性が高い人々の数も多くなる

シリコンバレーで生み出される多くのソフトウェアは、シリコンバレーに住む多くの優秀なプログラマーによって生み出されています。シリコンバレーには多くのプログラマーが住んでいます。プログラマーたちはシリコンバレーに集積する多くのソフトウェア企業に雇われ、高い賃金を獲得するためにシリコンバレーに住んでいるのです。

多くのプログラマーが集まってくると、その中には頭抜けて有能なプログラマーもいるでしょう。多くの人々が集まるとその中にいる有能な人々の数も多くなるのです。そのような有能なプログラマーは企業に多くの利潤をもたらすので、多くのソフトウェア企業が雇いたいと考えています。このように考えたソフトウェア企業が事業を行う場所は必然的にシリコンバレーになるでしょう。なぜなら、そこでは有能なプログラマーを

探し出せる可能性が高いからです。結果として、シリコンバレーには多くのソフトウェア企業が集積します。つまり、ソフトウェア企業の集積がプログラマーの集積を生み、プログラマーの集積がソフトウェア企業の集積を生み出すメカニズムがシリコンバレーでは働いているからです。

以上の三つがマーシャルの経済になります。いずれも労働生産性を高めることで企業に高い利潤をもたらします。このようなマーシャルの経済が働いていると、その地域に多くの企業が集積します。また、マーシャルの経済が労働生産性を上げることから、こういった地域では労働者の賃金も高くなります。すると、企業が集積する地域には多くの労働者も集まって来るのです。多くの労働者が集まって来るとその中に含まれる有能な労働者の人数も増えることになります。するとその労働者を雇うために多くの企業が集まってきます。

集積によるリスクの低減

眼鏡の生産が盛んな（福井県鯖江市のような）都市を考えてみましょう。眼鏡を生産する企業は同じ種類の機械（たとえばレンズを磨く機械やフレームを作る機械）を使っているとします。

どのような機械でも時間がたつと劣化していきます。眼鏡を生産する機械も例外ではなく、定期的に修理やメンテナンスを行うことは必ず必要になります。眼鏡を生産する機械の修理やメンテナンスを請け負う企業が離れた地域、たとえば東京や大阪にあるとすると、そこから技師が修理に来るためには時間が掛かります。故障している間は機械を止めておかなくてはならず、眼鏡を生産はできません。技師の到着を待っている時間が長ければ長いほど、大きな損失が発生してしまうでしょう。

もし、同一地域にメンテナンス企業があれば、故障しても即座に修理に取り掛かってもらうことができます。メンテナンス企業の立場からすると、眼鏡を生産する企業が1社しかないとするならば、そのような地域に支社を置くことはできないでしょう。支社を置き、技師を常駐させることには費用が掛かるにもかかわらず、1社しか顧客がないようでは損失が発生することが明らかだからです。しかし、眼鏡を生産する企業が多数いるなら話は別です。多数の企業がいれば、故障も多く発生するでしょう。支社を置き、技師を常駐させても十分な利益を生み出すことができます。

こうして、眼鏡を生産する企業が集積する地域には、眼鏡生産に使う機械のメンテナンスを行う企業の支社ができることになります。眼鏡生産を行う企業にとって、メンテナンス企業の存在は大きなメリットです。これにより、機械が故障しても即座に修理してもらうことが可能になり、大きな損失が発生することがなくなります。これは、眼鏡生産企業が同じ地域に集積することで生まれる利益の一つです。

消費者の誘致

皆さんは外食する際にどうやってよいレストランを探すでしょうか。現在でしたら、「食べログ」を使って事前にレストランを調べるという人も多いと思うのですが、新宿や銀座、梅田に行けばたくさんのレストランから選ぶことができるから、とりあえず繁華街に出てみるという人もいると思います。

外食が目的の消費者は、レストランが集積している繁華街に出れば、自分の好みに合致した店を見つけやすいと考えているのです。自分の好みにあったレストランを求める消費者が、長時間歩きまわって探し回らなくても、繁華街に出ることで適した店を見つけ出すことを可能にしてくれるのがレストランの集積なのです。店を探す費用は「サーチコスト」と呼ばれます。すなわち、レストランの集積は、自分の好みに合致するレストランを探している消費者のサーチコストを減らしてくれるわけです。

集積がサーチコストを減らすことが理由で、多くの消費者が集積を訪れることになります。店舗の立場からすると、来てくれる消費者の数が増えるわけです。レストラン同士が隣り合って立地することで、お互いに顧客を取り合って激しく競争するようにもなるのですが、そこを訪れる消費者の数が増えることで、売り上げが増加する効果もあります。レストランは集積し、消費者のサーチコストを減らすことで、店舗を訪れる顧客の数を増やしているのです。

「食べログ」も外食店の情報を収集して掲示することで、消費者のサーチコストを減らす役割を果たしているのですが、集積は「食べログ」の登場以前に「食べログ」の役割を果たしていたのです。それでは、「食べログ」の登場以降はレストランの集積は役割を終えたのでしょうか。繁華街には今でも多くの外食店が集積しています。その様子を見ると、今でも外食店の集積はサーチコストを減らす役割を果たし続けているのでしょう。

外食産業以外にも、アパレル産業の店舗も繁華街に集積する傾向があります。また、東京の神保町《じんぼうちょう》には古本屋の集積も見られますし、秋葉原《あきはばら》や大阪の日本橋《にっぽんばし》には（両方ともだいぶ崩れてしまいましたが）電化製品やその部品を販売する店の集積が見られます。これら小売店の集積は、消費者のサーチコストを減らし、そのことによって訪れる消費者の数を増やす役割を果たしているのです。

6　大都市ができあがることで利益が生まれる都市化の経済

東京、ニューヨーク、ロンドンのような大都市には同一の産業だけが集積しているわけではありません。金融機関、法律事務所、アパレル産業、外食産業、大企業の本社等、さまざまな種類の企業がこういった大都市には集積しています。このようにさまざまな種類の企業が同一の地域に集積し、大都市を形成することで利益が生まれることを「都市化の経済」と呼びます。

銀行のような金融機関を考えてみましょう。どの産業に属する企業も銀行は必要ですが、同一の産業だけしか存在しない地域では、銀行は大きなリスクに直面することになります。

銀行のような金融機関は、企業にお金を貸し、貸し出したお金が利子をつけて返済されることで儲けています。企業が返済に回すお金は、企業の儲けから出ています。事業がうまくいかず、儲けを出せなかった企業は銀行にお金を返済することができません。同一の産業に属する企業は、その産業が好況になると一斉に好調になるのですが、その産業が不況になると同時に不調に陥ります。つまり、同一の産業だけが立地している地域では、企業が同時に不調になり、借りた資金を返済できなくなるリスクが生じるのです。銀行はこのような地域に支店を出すことを躊躇《ちゅうちょ》するかもしれません。

銀行は、さまざまな産業に属する企業に同時にお金を貸し出すことでこのようなリスクを低減することができます。異なる産業に属する企業ならば、同時に不調になる確率が減るので、貸し出した資金の全てが同時に返済されなくなる可能性は減ります。銀行は貸出先の企業を多様化することでリスクを減らしているのです。

一つの地域に多様な産業に属する企業が集積していると、銀行が支店を出してくれる可能性は高まります。これは、異なる産業に属する企業が集積することで生まれる利益の一つ、つまり都市化の経済の一つになります。

多様な産業に属する企業が集積するとリスクが減るのは銀行だけではありません。労働者が直面するリスクも減ることになります。同一産業に属する企業だけが立地している地域では、全ての企業が同時に不調に陥る可能性があります。企業は不調になると雇用を減らして危機を乗り越えようとするでしょう。全ての企業が同時に雇用を減らすと、その地域では雇用が全くなくなってしまうかもしれません。労働者の立場からすると、失業するだけではなく、次の仕事も全く見つからなくなってしまうかもしれないのです。その地域に立地する企業がさまざまな産業に属していると、全ての企業が同時に不調になる可能性は減ります。ある企業が不調で雇用を減らしても、他の企業が好調であればその企業で雇ってもらえるかもしれません。つまり、多様な産業に属する企業が集積していると、失業したまま次の雇用が見つからなくなるリスクが減るのです。雇用の安定を求める労働者はこのような地域に集まって来るでしょう。

労働者が集まるメリット

ここまでは、多様な産業に属する企業が集積することによるリスクの低減が都市化の経済をもたらすことについて述べてきました。しかし、多様な産業に属する企業が集積することの利益はそれだけに留まりません。多様な産業に属する企業が集積していると、そこに雇われている労働者も集積します。属する産業が異なれば、労働者の持っている技能、知識の種類も異なるものになるでしょう。新しい知識は、相異なる知識がぶつかり合ったときに生まれる可能性が高いのです。多様な産業に属する企業が集積する地域では、異なるバックグラウンドを持った労働者同士が出会うことで、新たな知識が生み出される可能性が高くなります。

経済学者のエドワード・グレイザーらは、異なる産業に属する企業の種類が多い都市ほど、産業間での知識の交流が新しい知識を生み出し、人口が増える傾向にあることを示しました。多様な産業に属する企業の集積は、異なるバックグラウンドを持った労働者同士が出会う機会を作ることで新しい知識が生み出される創造的な都市の形成を可能にするのです。

多様な産業に属する企業が集積し、多くの人々が集まって来ると、文化、芸術、教育へのアクセスも容易になります。東京のような大都市には、多くの学校があります。公立の小学校、中学校、高校、大学だけではなく、私立の学校も多く集まっています。東京の膨大な人口がそれを可能にしているのです。人口の少ない地域では、たくさんの私立の学校の経営は立ち行かないでしょう。顧客になる子供の人数も少ないからです。しかし、人口が多い地域では子供の数も多くなり、多くの学校の営業が可能になります。これは、消費者である子供にとって大きなメリットです。学校の選択の幅が広がるからです。

学校だけではなく、大都市では子供は多様な習い事を選ぶことができます。人口の少ない地域ではフラメンコを習う人は少ないでしょうが、大都市ならフラメンコの教室も営業できるからです。たくさんの学習塾の中から自分に適した学習塾を選ぶこともできます。子供の多い大都市なら、たくさんの学習塾の営業が可能になるからです。

大人にとっても、大都市に住んでいると多くのメリットがあります。博物館、美術館等の文化施設に行くことが可能になりますし、人気のコンサートに行くこともできるようになります。博物館や美術館等の文化施設の営業も人口が多い地域だからこそ可能になりますし、人気のコンサートも東京、大阪、名古屋のような大都市で開催されます。異なる産業に属する企業が集積する大都市では、教育、文化に接することで生活水準を上げることが可能になるのです。

公共財の充実

最後に、公共財の存在も都市化の経済を生み出す原因になります。特定の人を消費することから排除できないという性質を「非排除性」、消費する人が多くなっても混雑が生じず、同じ量だけ消費できるような性質を「非競合性」と呼び、これらの性質を持つ財を公共財と呼びます。

非排除性をかみ砕いて言うと、「料金を払わない人の消費をやめさせることができない」ということです。たとえば、テレビ放送は、テレビがあれば誰でも受信できてしまうため、料金を払わない人に消費をやめさせることが難しくなっています。

非競合性がある財は、誰かが消費すると、他の誰かの消費量が減ることがありません。たとえば、誰かが空気を吸うと、他の誰かの吸える空気の量が減るということはありません。自衛隊は他国から侵略されないように国の安全を守っていますが、日本国内に住む誰かが侵略されないようにすると、他の誰かが侵略されやすくなるということはありません。

公共財には非競合性があるので、一定の量を供給すると、誰もが同じ量だけ消費することができますが、非排除性があるので料金を払った人以外の消費をやめさせることができないのです。このような財は民間企業が生産して供給しても、儲けることができません。

そこで、中央政府や地方政府が公共財を供給します。政府部門の予算は基本的には税金で賄われます。多くの人が一つの地域に集まると、その地域の政府は多くの税収入を得ます。すると、その地域では多くの、そして質の高い公共財が供給されるでしょう。

たとえば、東京のような大都市では、公共交通機関が非常に充実しています。このような公共財の充実も、都市化の経済の一つに数えられるでしょう。

*

人々は、バラバラに活動していた狩猟採集から、農耕による自給自足経済に移ることによって村を作れるようになりました。輸送技術の発展が「比較優位」の利用を可能にし、それは町をもたらしました。18世紀の産業革命は「分業による協業」と「規模の経済」を生かして企業城下町の形成を可能にし、町は巨大化していき、小規模な都市が誕生しました。同一産業の企業が集まると「地域特化の経済」によって中規模の都市が生まれて来ました。さらに「都市化の経済」によって大都市が生まれてきたのです。都市の形成においては「地域特化の経済」や「都市化の経済」を含む「集積の経済」が大きな役割を果たしているのです。

第2章　「多様性」と「輸送費用」の役割

大都市は私たちに多くの物をもたらしてくれます。そのうちの一つに「多様性」があります。

大都市に住んでいると、多様な財の消費が可能です。昼食を選ぶ際に、イタリア料理、フランス料理、ハンバーガーからラーメン、カレー、メキシコ料理からアルジェリア料理まで、東京に住んでいるとありとあらゆる種類の選択肢があります。洋服を選ぶ際にも、ユニクロ、GU、ザラ、ビームス、ユナイテッドアローズから独立系のセレクトショップまでたくさんの店舗の中から選択することができます。このように、消費できる財の多様性により、私たちの生活水準は確実に高くなっています。

消費財を東京から大阪まで運ぶためには費用が掛かります。運送業者に払う費用だけではなく、運ぶのにかかる時間もこういった費用に含まれます。また、魚や野菜のような生鮮食品は運んでいる間に品質が落ちてしまうかもしれません。このような、財の地域間の移動にかかる費用のことを輸送費用と呼びます。

この章では、「多様性」と「輸送費用」の役割に焦点をあて、大都市形成のメカニズムを考えてみたいと思います。

1 輸送技術の発達と費用の低下

第1章で述べたように、人間や財が地域間を移動する際にかかる費用は、馬の家畜化や車輪の発明などの輸送技術の発達によって歴史的に下がってきました。

この傾向は産業革命以降も続いています。1804年にはイギリスのリチャード・トレビシックにより、蒸気機関車が発明されました。1769年にはフランスのニコラ＝ジョセフ・キュニョーによって蒸気で走る自動車が発明され、1886年にはドイツのゴットリープ・ダイムラー、カール・ベンツが個別にガソリン自動車の開発に成功しました。蒸気機関車や自動車のような輸送技術の技術革新は、地域間を財や人が移動する際の輸送費用を大幅に低下させました。

日本では江戸時代までは徒歩による移動が中心でした。さらに、各藩の間の人の移動は、厳しく規制されていました。これらの要因から、江戸時代には、財や人の地域間の移動にかかる輸送費用は非常に高かったのです。明治時代に入ると新政府が鉄道の導入を計画し、1872年に新橋―横浜間に鉄道が開通しました。その後、鉄道網は全国に順調に広がっていきました。鉄道網の整備とともに、財や人の地域間輸送では鉄道が中心的な役割を果たすことになり、輸送費用は大幅に削減されることになったのです。第二次世界大戦後も鉄道網の整備は続き、1964年には東海道新幹線が開通しています。東海道新幹線の開通は、東京―大阪間の人の移動にかかる輸送費用を大幅に下げました。

第二次世界大戦後には、自動車が少しずつ普及しています。1958年に発売された「スバル360」は爆発的な人気となり、トヨタや日産等各メーカーが開発競争を続けたことで自動車は普及していきます。1962年には日本初の都市高速道路として首都高速道路が開通し、1963年には日本初の高速自動車国道として名神高速道路の栗東《りっとう》IC―尼崎《あまがさき》IC間が開通しました。自動車の普及と高速自動車網の整備により、財や人の地域間輸送における自動車の役割が大きくなっていきました。明治維新以降、財の地域間輸送においては、鉄道が中心的な役割を果たしてきた時代が長かったのですが、

1960年代以降には、トラックがシェアを伸ばし、中心的な役割を果たすようになってきました。

明治維新以降の日本では鉄道網の整備が財や人の地域間移動にかかる輸送費用を大幅に下げ、1960年代以降には自動車の普及と高速道路網の整備が輸送費用を下げました。このような輸送費用の低下は、次節以降にみられるように、人口の地理的な分布を劇的に変化させました。

2　日本の都市化から見る人口移動の重要性

過去数十年の間、日本では東京、大阪、名古屋に代表される都市部への人口の移住が進みました。図2-1は総務省の「国勢調査」および「人口推移」をもとに東京圏（東京都、神奈川県、埼玉県、千葉県）、大阪圏（大阪府、兵庫県、京都府、奈良県）、名古屋圏（愛知県、岐阜県、三重県）の人口規模の推移を表しています。どの都市圏も過去数十年の間に急速に人口規模を拡大させてきたことがわかります。特に、第二次世界大戦後から1970年代半ばまでの高度成長期の三大都市圏の人口規模の増大は急激でした。そ

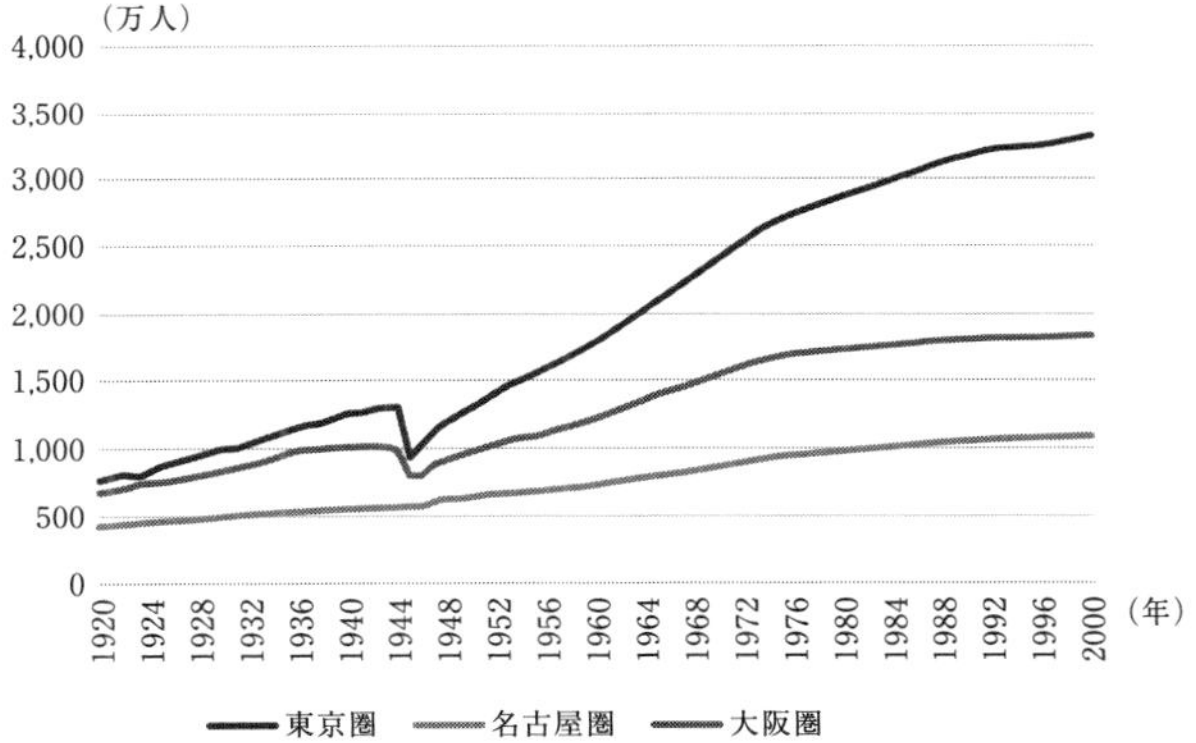

図 2-1　三大都市圏の人口規模

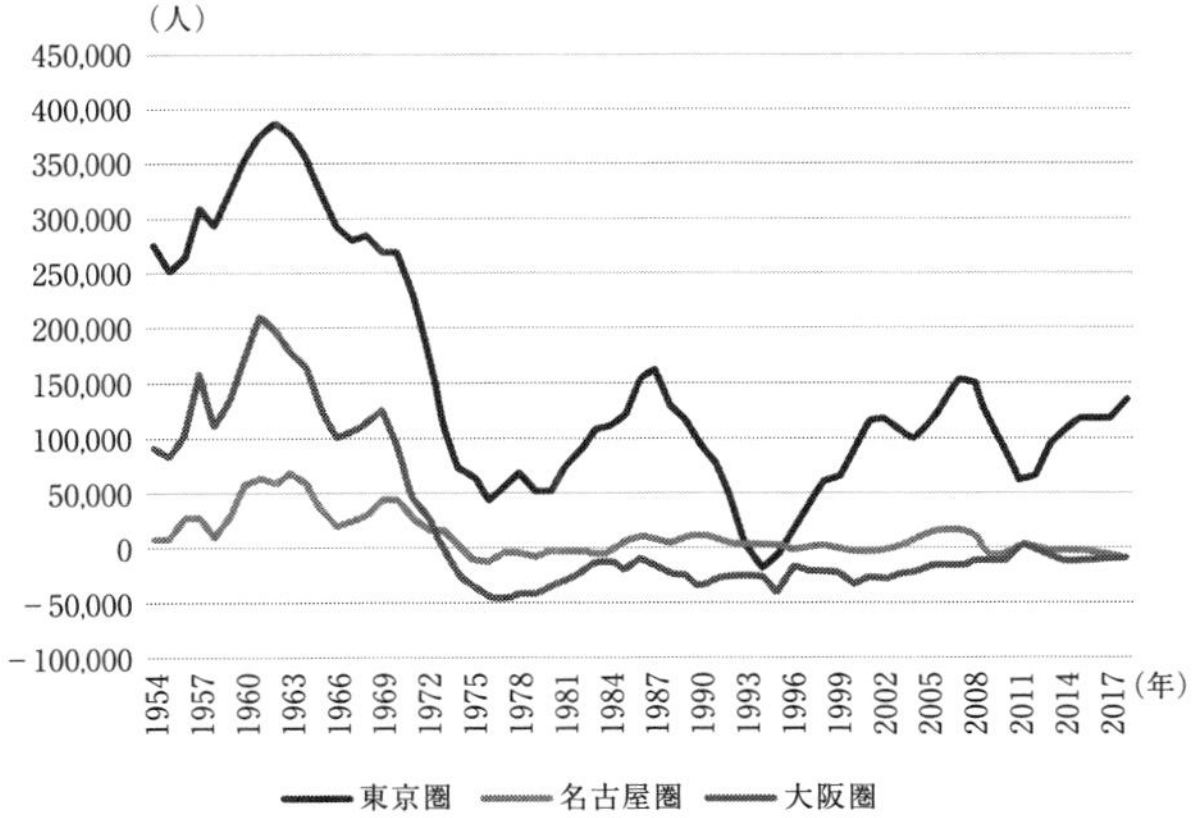

図 2-2　三大都市圏への転入超過数

の後、1973年の石油ショックを契機に高度成長期が終了すると三大都市圏の人口増加は緩やかになり、大阪圏はほぼ横ばいに、名古屋圏は微増が続きました。しかし、依然として東京圏は人口増加が続き、東京一極集中と呼ばれる事態が進んでいきます。

このような大都市の成長を支えたのが農村部、地方都市からの人口流入でした。地域人口の変化は、出生数、死亡率によって決まる自然増減と人口移動による社会増減に分けて考えることができます。戦後一貫して合計特殊出生率（15～49歳までの女性の年齢別出生率を合計したもので、1人の女性が一生の間に産む子供の数に相当する）が低下してきました。さらに、大都市部の合計特殊出生率は農村部、地方都市と比較すると低い傾向にあります。これらのことから、三大都市圏の人口増加はもっぱら人口移動による社会増によるものであると考えられます。図2-2は総務省の「住民基本台帳人口移動報告」をもとに三大都市圏について、こうした社会増減を示したものです。

人口規模の推移と人口移動の様子を比較すると、人口増加が著しい時期には、他の地域からの人口流入が非常に大きくなっていることがわかります。これらの図をみると、戦後すぐの時期には東京と大阪が二大都市圏で、名古屋がそれに続くという構図だったのですが、1960年代後半以降、大阪の人口増加率が低下したのと比較すると、東京の人口は堅調に成長し続け、東京一極集中の傾向がはっきりしてきたことがわかります。また、名古屋圏の人口は比較的緩やかに成長し続け、東京が第1位の都市、大阪が第2位の都市、名古屋が第3位の都市という構図がはっきりしてきたこともわかります。

人口移動は必然的にさまざまな財、サービスに対する購買力の移動を伴います。したがって、大規模な人口移動は市場構造を根本的に変化させることになります。人口規模についての東京と大阪の二極構造から東京一極集中構造への変化は、企業にとっての市場構造を変化させ、より大きな市場規模を持つ東京の相対的な魅力を上昇させることにつながりました。人口の東京一極集中がはっきりするにしたがって、より多くの企業が東京へと立地を移したのです。

では、こうした大都市はその他の都市と比較すると、どの程度の人口規模なのでしょうか。表2-1は市区町村データをもとに、通勤により強く結びついた市区町村を都市圏としてまとめていく手法で定義された大都市雇用圏（MEA：Metropolitan Employment Area）を、人口規模の大きい方から順位付け、最も大きな10個の大都市雇用圏を

1	東京	35303778	6	札幌・小樽	2362914
2	大阪	12078820	7	神戸	2419973
3	名古屋・他	6871632	8	仙台	1612499
4	京都・草津	2801044	9	岡山	1526503
5	福岡	2565501	10	広島	1431634

表 2-1　人口規模上位 10 の大都市雇用圏

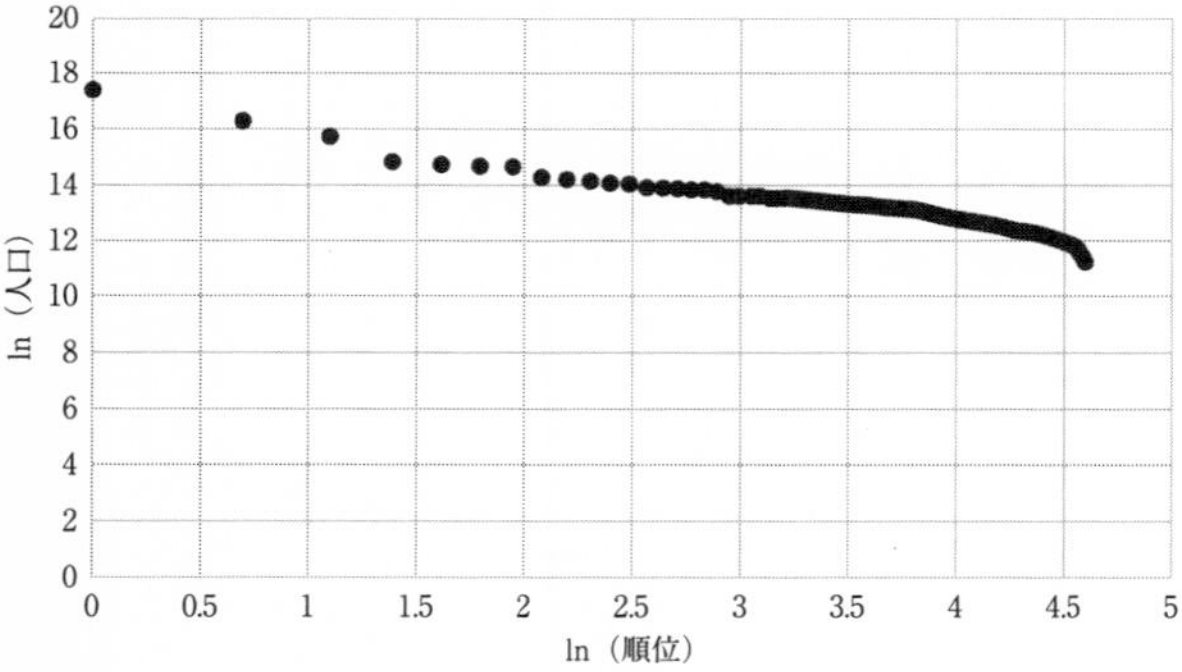

図 2-3　大都市雇用圏の人口とその順位

並べたものです。なお、データは2015年の国勢調査に基づいて作成されたものです。

図2-3は、順位の自然対数値を横軸に、大都市雇用圏人口規模の自然対数値を取っています。自然対数とは、大きな数の計算を簡単にするためのものとここでは捉えていただければ大丈夫です。人口規模はとても大きな数になりますが、対数を取ると比較的小さな数になり、図を見やすいものにすることができます。これを見ると、100万人（ln100万≈《およそ》13・81）を超える都市圏は少なく、大多数の都市圏が数十万人の規模であることが確認できます。

これまでの議論をまとめます。戦後すぐの日本では三大都市圏の人口規模の拡大が進んでいきました。一貫して出生率の低下が進んできたことから、三大都市圏の人口規模の増加は、農村部、及び地方都市からの人口の流入によって支えられてきたことが明らかです。当初は大阪圏への人口流入も非常に多く、東京圏と大阪圏の二大都市圏構造になっていました。しかし、1960年代後半から大阪圏への人口の流入が減少しますが、東京圏への人口の流入は継続します。それは2021年現在も継続しており、東京一極集中と呼ばれる現象につながっています。その間、名古屋圏は緩やかに人口流入が進んでいて、結果として人口規模は東京圏が第1位、第2位が大阪圏、第3位が名古屋圏の状態が固まってきています。

三大都市圏への人口の集中、そしてその後の東京一極集中は鉄道網の発達、そして車の普及と高速道路網の発達、そして新幹線の開通とともに加速度的に進んでいます。これらはいずれも地域間を財や人が移動する際の輸送費用の低下に結びついています。つまり、輸送費用の低下とともに三大都市圏の人口増加、そして東京一極集中が進んだと考えられるのです。なぜこうした人口移動が生じたのかを解き明かすカギは多様性の役割と、それと関連した輸送費用の低下の役割を理解することにあります。

3　多様性が大都市で果たす役割

これから説明するように、多様性には三つの面があります。それらを一つずつ、順番に考え、それらが大都市で果たす役割を考えてみましょう。

大都市では、多様な財を消費することができます。上記のように、大都市では昼食を多様な候補の中から選ぶことが可能になります。

毎日1000円の予算でお昼ご飯を食べるとします。毎日千円札を握りしめて選べる昼食がラーメンだけの場合と、ラーメンに加え、イタリア料理、ハンバーガー、カレーなど多様な料理の中から選べる場合のどちらが自分の満足感を上げてくれるかを考えてみてください。食に対する通常の好みを持つ人ならば、後者の場合の方が昼食から得られる満足感がはるかに上であるはずです。自分はラーメンが大好きで毎日ラーメンを食べる方が幸せだという人もいることでしょうが、後者にはそのような選択肢も含まれています。多様な選択肢の中には毎日毎日同じものを食べ続けることも含まれているのです。

重要なのは、昼食に使う予算1000円から得られる満足感は、選択肢が少ない場合よりも、多くの選択肢がある場合の方が大きいということです。多様性は1000円の価値を上げてくれるのです。

昼食だけではありません。洋服を選ぶ場合だって選択肢が多い方が良いはずです。ユニクロだけではなく、GUもザラもH&Mも選択肢に入っている方が、洋服選びも楽しいはずです。外食や洋服等、消費財の選択肢が多いことを、「消費財の多様性が多い」、というように表現します。消費財の多様性が多いと、同じだけお金を持っていても生活水準が上がります。大都市が提供してくれる消費財の多様性はそこに住む人々の生活水準を上げるのです。

多様性が高まりやすい場所

消費財の多様性が生活水準を上げてくれることはわかりましたが、どのような場所で消費財の多様性が高まるのでしょうか。レストランもアパレルの店舗も、東京の新宿や銀座、大阪の梅田のように大都市の中心街に数多く立地しています。大都市には数多くの人が住み、交通機関の発達した大都市の中心街には多くの人々が訪れます。したがって、大都市の中心街では店を訪れる客が多く、多くの商品が売れるのです。レストランやアパレル企業はそれを織り込み、大都市の中心街に数多くの店舗を出します。

多くの店舗が集中すると、その地域で手に入る消費財の多様性が高まります。新宿や銀座では、数多くのレストランがさまざまな種類の料理を提供しています。消費者は数多くの種類の料理から自分の好きな料理を選ぶことで、食べることから得られる満足感をより高くすることができるのです。

「中間投入材」の多様性

消費財の多様性と同時に、中間投入財の多様性という概念も重要です。「中間投入財」というのは、企業が最終消費財（食品や洋服など、実際に消費する財）を生産する際に投入する財です。カレーを提供するレストランはジャガイモやニンジン、玉ねぎや鶏肉をカレーの生産の際に投入します。これらが中間投入財です。

注意していただきたいのは、ジャガイモやニンジンのような具体的な材料以外にも、レストランはカレーを提供する際に、水を運んだり会計をしたりするウエイターやウエイトレス、さらに調理する料理人のサービスも投入していることです。また、アパレルのセレクトショップの中には、ショップオリジナルと呼ばれる、自社でデザインし、生産した商品を販売する企業がありますが、そのような企業がセーターを生産し、販売する際には、はウール（羊毛）という材料以外にも、そのセーターのデザイン、販売店での接客という中間投入財も投入しています。

レストランが提供する接客サービスや調理、アパレル企業が提供する接客サービスなどは、他の地域に運ぶことができません。オンラインで服を買う際には、販売員の持つ専門知識、たとえば色の組み合わせだったり、服と体型とのバランスであったり、適切なアウターとボトムスの組み合わせの提案であったりというサービスが受けられません。最近は、レストランが調理済みの食品をオンラインで販売する例も見られますが、レストランで直接食べるのとは味も雰囲気も大きく異なるのが現状です。

このように、中間投入財の中には他の地域に運ぶことが難しいサービスが多く含まれていることが特徴です。法律事務所の専門知識、眼鏡を生産する機械のメンテナンス企業の修理のサービス、これらも他の地域に運ぶことが難しい財に属する中間投入財にあたります。

大都市に立地する企業は、多くの種類の中間投入財を利用することができます。大都市には多くの種類の産業に属する企業がさまざまな種類の財を生産しています。大都市では、多くの法律事務所が契約書の作成に関する専門知識を提供していますし、多くの銀行が多くの種類の融資をしてくれるでしょう。大都市では、機械が故障したときに修理してくれるメンテナンス業者も豊富です。これらを中間投入財として使うことで自動車企業や、眼鏡を生産する企業のような製造業の企業、そしてレストランや金融のようなサービス業の企業も生産性を上げることが可能です。たとえば銀行ならば、法律事務所に融資に関する契約書の委託を行い、ATMが故障した際にはメンテナンス業者の迅速なサービスを受けることで生産性を向上させることができるでしょう。大都市が提供する多様な中間財は企業の生産性を上げることに貢献することができるのです。

スキルの多様性

多様性は、消費財と中間投入財だけに存在するわけではありません。第1章で考えた「分業による協業」を思い出してください。分業による協業を可能にするためには、人々が得意なことが異なっている必要があります。全員が同じことが得意で同じことが不得意な場合、ピンを作る工程を分けても誰かは不得意な作業を担当することになります。これでは、分業による協業で労働生産性が上がりません。不得意な工程を受け持った人の生産性が低くなり、それが全体の生産性にマイナスの影響を及ぼすからです。

分業による協業で労働生産性が上がるためには、人々が得意なことが多様である必要があるのです。これを「スキルの多様性」と呼びます。多様なスキルを持った人々が集積すると、分業による協業で大幅に生産性を上げることができます。つまり、多くの人々が大都市に集積することで労働生産性を引き上げ、高い賃金を獲得することが可能になるのです。

4　消費の多様性（多様性と集積①）

二つの地域があるとします。それぞれの地域を梅田と三宮《さんのみや》と呼びます。梅田と三宮の両方には昼食を探している消費者、そして昼食を提供する企業（レストラン）がありま す。

状況を簡単にするために、個々のレストランは異なる料理を一つだけ提供していると考えて下さい。つまり、醬油《しょうゆ》ラーメンを提供しているラーメン屋は一つ、本格インドカレーを提供しているカレー屋も一つしかありませんし、醬油ラーメンを提供しているラーメン屋は醬油ラーメンだけを、本格インドカレーを提供しているカレー屋は、本格インドカレーだけを提供しています。また、個々のレストランは異なる料理を提供していますが、その料理の質は全てのレストランで同じです。つまり、個々の料理が消費者に与える満足感は同じであると考えます。

さらに、梅田と三宮の間を移動するためには、輸送費用（徒歩や電車などで移動する費用）がかかります。また、状況を簡単にするため、消費者は、昼食を食べる地域を選んでから、レストランを選ぶと考えましょう。つまり、消費者は昼食をとる際に、まず梅田で昼食を食べるか、三宮で食べるかを選択します。その上で、選択した地域にあるレストランの中から食べる店を選ぶのです。

個々のレストランの作る料理の質が等しいため、消費者は特定のレストランに強い好みを抱くことはありません。すると、昼食から得られる満足感を高めるためには、多くの選択肢を手に入れる必要があるのです。多くの選択肢を手に入れるためにはより多くのレストランが存在する地域で昼食をとる必要があります。しかし、そういった地域に移動するためには、輸送費用を負担する場合もあります。消費者はレストランの多様性と輸送費用を考えた上で、自らの満足感を最大にするような地域を選んで昼食をとります。

この状況で輸送費用が下がるとレストランの立地にどのような影響があるのかを見ていきましょう。

輸送費用が下がると起きること

梅田にあるレストランの数が三宮にあるレストランの数よりほんの少し多いとします。この場合、梅田に住む消費者は、三宮に移動してレストランを探すでしょうか。この消費者はそのようなインセンティブを持たないでしょう。三宮に行ってもレストランの数が梅田よりも少ないので、レストランの選択肢は少なくなります。おまけに梅田から三宮に移動するためには輸送費用がかかるのです。そこで、梅田に住む消費者は自分の地域でレストランを探し、昼食を済ませることでしょう。

それでは三宮に住む消費者はどうするでしょうか。二つの場合が考えられますが、状況を分けるのは多様性と輸送費用の関係です。最初に輸送費用が高い場合を考えましょう。梅田に移動して多様な選択肢の中からレストランを選べるメリットが輸送費用によって打ち消されてしまう場合には、三宮に住む消費者は三宮に留まり、その中からレストランを選んで昼食を済ませるでしょう。つまり、輸送費用が高い場合には、それぞれの地域に住んでいる消費者は、それぞれの地域内のレストランで昼食を済ませるのです。

次に、輸送費用が下がった場合を考えましょう。たとえば、梅田と三宮の間にJR新快速や阪急の特急のような高速鉄道が開通した場合には両地域間を消費者が移動する輸送費用が下がるでしょう。輸送費用が十分下がり、三宮に住む消費者にとって、梅田の多様なレストランの中から選べることのメリット方が輸送費用の負担より大きくなると、この消費者は梅田に移動して多くの選択肢の中から選べるメリットを享受するようになるでしょう。輸送費用が十分に下がると、全ての消費者が梅田のレストランで昼食を済ませるようになり、三宮のレストランは顧客を失ってしまいます。三宮のレストランは廃業するか、梅田でレストランを始めるかを選ぶことになります。

輸送費用が高かった場合を思い出して下さい。この場合には、消費者は自分の地域で昼食を済ませていたので、梅田と三宮の両方の地域でレストランの営業が可能でした。梅田の方がレストランの数が多いとは言え、三宮もレストランが営業している繁華街として成り立っていたのです。しかし、二つの地域の間に速く、安く移動できる鉄道が開通すると何が起こるでしょう。三宮の消費者が梅田のレストランで昼食を済ませるようになってしまうため、三宮のレストランは営業ができなくなります。いくつかのレストランは廃業し、また、いくつかのレストランは梅田に移動することでしょう。消費者の全ては梅田で昼食を済ませることになります。

すると、梅田には三宮からも消費者が来るようになるので、梅田のレストランの数が増えるのです。三宮が全てのレストランを失うのとは対照的に、梅田は繁華街として大

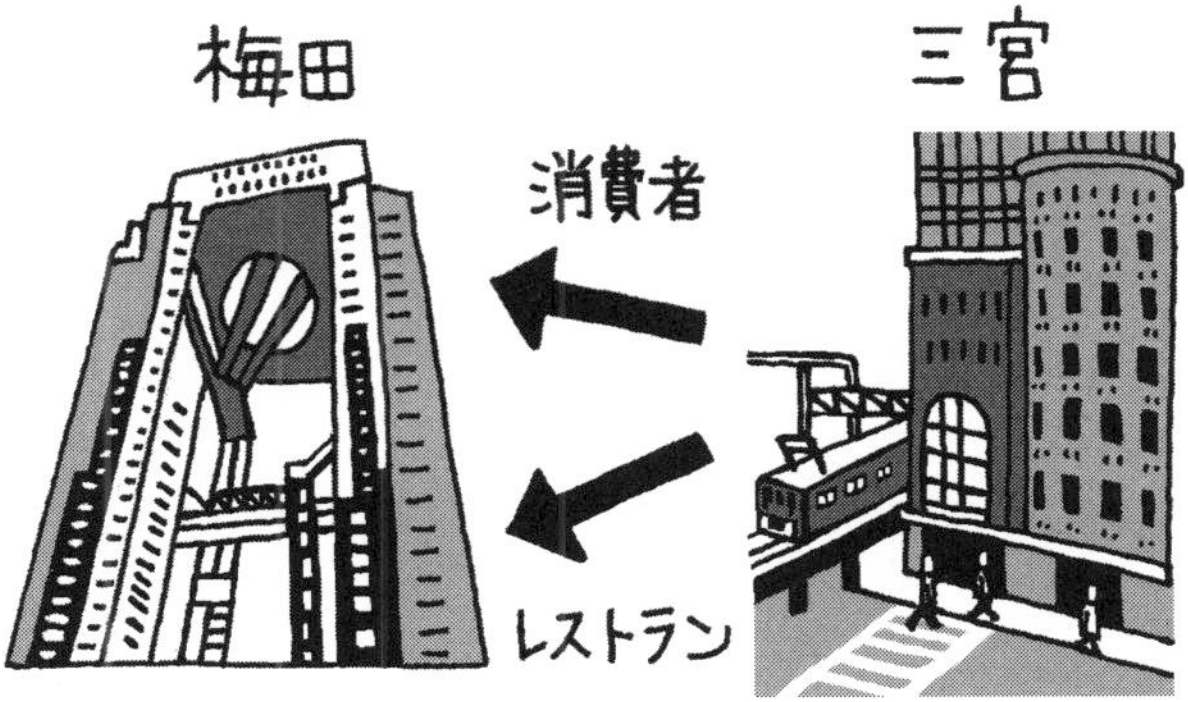

きくなるのです。梅田は大きな繁華街としての地歩を固め、ますます繁栄することになりますが、三宮にはシャッター商店街が残されるでしょう。輸送費用の低下は二つの繁華街を一つに減らしてしまうのです。

最初の小さな差が大きな差になっていく

話はここでは終わりません。これまでは、消費者が引っ越しをする場合を考えていませんでした。そこで、消費者が梅田と三宮の間で引っ越しをできるとしましょう。消費者は昼食から得られる満足感以外にも地域に対する好みから満足感が得られるとします。地域に対する好みとは、たとえば生まれ故郷が好きだったり、その地域の風景が好きだったり、仲の良い友達が住んでいたりするというようなことです。梅田が好きな人も三宮が好きな人もいることでしょう。消費者は、レストランの多様性から得られる満足感と、地域に対する好みから得られる満足感を足し合わせた自分の満足感を最大にしてくれる地域に住みます。

輸送費用が高く、消費者が自分の地域で昼食を済ませている場合、二つの地域の両方でレストランが営業しています。したがって、二つの地域間で、昼食の多様性から得られる満足感はそれほど変わらないでしょう。梅田の消費者は梅田で、三宮の消費者が三宮で昼食を済ませることから、レストランの数も大きく異なることはなく、さらに全ての消費者は輸送費用を負担することなく、昼食を済ませているからです。

この時、梅田には梅田に好みを抱く消費者と同時に、三宮に弱い好みを抱く消費者も住むことでしょう。梅田の方が、レストランの多様性から得られる満足感が大きいからです。しかし、三宮の方に強い好みを抱く消費者は、住む場所として三宮を選びます。梅田と三宮の間で、レストランの多様性から得られる満足感が大きくは異ならないため、三宮に強い好みを抱く人はレストランの数が少なくても、三宮を選ぶのです。

梅田と三宮の間に高速鉄道が開通すると何が起こるでしょうか。上記のように、三宮のレストランを選ぶ消費者がいなくなるため、三宮のレストランは全ての顧客を失い、三宮の市場から撤退します。このため、梅田と三宮の間のレストランの多様性から得られる満足感が大きく異なるようになります。すると、三宮に好みを抱いている消費者の中から梅田に引っ越す消費者が出てきます。三宮に残るのは、三宮に頑固者と言っても差し支えないほど強い好みを抱く消費者だけになります。多くのレストランを抱えた大繁華街としての地歩を固めた梅田は、多くの消費者が住む大都市になるのです。

なぜ三宮ではなく、梅田が第一の繁華街、そして大都市へと成長することに成功したのでしょうか。議論の最初を思い出して下さい。そもそも、梅田の繁華街は三宮の繁華街より少しだけ大きく、少しだけたくさんのレストランが立地していたのです。そのため、高速鉄道が開通した時に、三宮の全ての消費者を獲得することに成功したのです。梅田は出発点で少しだけ有利な状態にあったのですが、輸送費用の低下によって初期の小さな格差は、取り返しがつかないほどの大きな格差につながっていくのです。

歴史的な偶然

梅田に少しだけ多くのレストランがあった理由にはさまざまなものが考えられます。たとえば、梅田には古くから多くの有名なたこ焼き屋やお好み焼き屋があったこと、たとえば梅田には有名なラーメン店があって、そこから暖簾《のれん》分けした支店がたくさんあったこと、いろいろな理由が考えられます。有名なラーメン店があったことなどは、歴史的な偶然の産物です。つまり、歴史的な偶然によって決まってしまうほんの少しの違いは、輸送費用の低下を経て、大きな地域間格差に結び付くのです。

徳川家康は豊臣秀吉に国替えを命じられ、江戸に本拠を構えました。その後、家康が関ヶ原の合戦の勝者となったため、江戸は日本の政治の中心となりました。このように、江戸が日本の中心となったのは歴史的な偶然に多くを依っています（いえ、歴史的な必然ですとおっしゃる方もいらっしゃることでしょう。そのような人は、歴史の素人の戯言《ざれごと》だと思って目をつぶって下さい）。

家康が本拠を構えたころの江戸は葦《あし》の生い茂る低湿地が広がる辺鄙《へんぴ》な田舎だったそうです。秀吉が城を構え、繁栄を謳歌《おうか》する大坂とは大きな格差がついていたわけです。しかし、家康が天下を取ったことによって政治の中心となった江戸は、江戸時代を通じて日本最大の都市に成長を遂げました。明治時代以降に鉄道の開通をはじめとする輸送費用の大幅な低下が起こると、東京は日本最大の都市として拡大を続けていきます。戦後すぐの時代には東京に匹敵する大都市だった大阪は1960年代後半以降、新幹線の開通や高速道路網の整備、そして自動車の普及による輸送費用の低下に伴い、その地位を失っていきます。この原因は、関ヶ原の合戦の結果にあるのかもしれません。

一方には損をする人も出てくる

梅田が第一の繁華街となり、大都市に成長する一方、三宮がシャッター商店街になっていく過程で、消費者の満足感はどのように変化するでしょうか。梅田に昔から住んでいた人々は、梅田のレストランの数が増えたことによってレストランの多様性から得られる満足感が上がり、梅田に住むことによる満足感の合計が確実に上がっています。

三宮から梅田に引っ越した人の満足感はどのように変化しているのでしょうか。満足感が上がった人も下がった人もいます。三宮に対する好みがそれほど強くない人は、三宮から梅田に引っ越すことで失うものが少なく、梅田のレストランの多様性から得られる満足感が大きくなるので、満足感の合計が上昇します。しかし、三宮に強い好みを抱く人は、三宮のレストランがゼロになってしまい、梅田に泣く泣く引っ越す人なので、失うものが大きく、満足感の合計が下落する可能性があります。三宮に住み続ける人も、輸送費用を負担して昼食を済ませなくてはならなくなるので、満足感が下落してしまうかもしれません。

輸送費用の低下によって梅田に昔から住んでいた消費者が確実に得をするのに対し、三宮には得をする人も損をする人も出てきます。特に地域に強い愛着を抱く人は大きく損をする可能性があります。

5　中間投入財の多様性（多様性と集積②）

次に中間投入財の多様性と輸送費用が集積に及ぼす影響を考えてみましょう。

京都と神戸の二つの地域があり、最終消費財として洋服を生産するアパレル企業が生産拠点して工場をどのように配置するかを考えます。両方の地域には服のデザイナー、裁断士、縫い手、染め手など、洋服を生産する際のさまざまな中間投入財を生産する中間投入財企業が立地しています。たとえばアパレル企業が京都に工場を配置した場合、京都で提供されるデザイン、裁断、縫製などの中間投入財を使って洋服を生産します。デザインと縫製が異なるサービスであるように、中間投入財は全てお互いに異なる財で、一つの種類の中間投入財、たとえばデザインを作れるのは、一つの地域内では一つのデザイン企業だけであると考えます。また、デザインや縫製等のサービスを二つの地域の間で輸送することが難しいことは想像しやすいですね。ここでは、サービスや縫製等、全ての中間投入財は二つの地域間を運べないと考えます。

デザインと縫製が異なるように、中間投入財にも多様性があることを思い出して下さい。ここでは、アパレル企業が投入する中間投入財の種類が増えることは、洋服を生産する工程が外注されることを意味しています。デザインの工程が外注されると、自社でデザイナーを雇う必要がなくなり、低い費用でデザインという中間投入財を調達できるようになります。デザインや縫製、布の裁断など、多様な中間投入財が提供されている地域では、アパレル企業は効率よく、つまり低い費用で生産を行えることになります。

洋服を二つの地域の間で運ぶ場合には輸送費用が掛かります。単純化のため、消費者は地域間を移動することはできないと仮定します。そのため、京都のみに工場を配置した場合、神戸に洋服を運ぶための輸送費用をアパレル企業は負担することになります。

これから考える問題は、アパレル企業の工場の立地の問題です。アパレル企業は、①京都と神戸の両方に工場を配置し、両方の地域で洋服を作る。②京都に工場を配置し、そこで全ての洋服を生産する。③神戸に工場を配置し、そこで全ての洋服を生産する。これら三つの選択肢から最も費用が掛からない方法を採用します。

京都には神戸よりも少しだけ多くの種類の中間投入財企業が存在するとします。すなわち、京都に配置した工場の方が、神戸に配置した工場よりも、低い費用で生産活動ができるのです。アパレル企業は生産地と異なる地域に洋服を移出する際にかかる輸送費用と生産費用の合計が低い立地戦略を採用します。

輸送費用がとても高い場合、実現するのは①です。輸送費用が高いので、アパレル企業は両方の地域に工場を作り、現地で調達される中間投入財を使って、その地域に洋服を供給します。京都だけで生産した方が生産費用は安いのですが、京都から神戸に洋服を移出する際の輸送費用が高いため、生産費用の低さは相殺されてしまうのです。この時、京都と神戸の両方に工場があるため、両地域にいる中間投入財企業は倒産したりすることはなく、最初の数から変化することはないでしょう。京都と神戸の両方が洋服の生産地として繁栄することが可能です。

京都と神戸の間に鉄道が開通すると、様子が異なってきます。京都で洋服を生産することと、神戸で洋服を生産することの費用の違いよりも、洋服の輸送費用が低くなった場合、アパレル企業は神戸で洋服を生産することをやめてしまうでしょう。京都の工場から二つの地域向けの全ての洋服を供給する方が生産費用と輸送費用の合計が安くなるからです。京都では全地域向けに洋服を生産するようになるので、中間投入財に対する需要も拡大しますが、神戸では中間投入財に対する需要がなくなります。神戸の全ての中間投入財企業は神戸の市場から撤退し、いくつかの企業は、京都の市場に参入するでしょう。輸送費用の低下は、二つあった洋服の生産地域を一つに減らしてしまうのです。

神戸ではなく、京都が大工業地域に成長した理由は、ここでも歴史的偶然によります。すなわち、最初に京都に少しだけ多くの中間投入財企業が居たことによるものです。洋服の輸送費用の低下は、結果的に大きな地域間格差を京都と神戸の間にも生んだのです。

両地域に残った消費者の満足感はどうなっているでしょうか。京都では中間投入財企業の数と種類が増えた結果、より低い費用で洋服が生産されるようになっています。したがって、京都の消費者の満足感は上がっているでしょう。神戸では洋服を輸送費用を払って移入しなくてはならなくなりました。しかし、そもそもアパレル企業は輸送費用を考慮に入れても京都で生産する方が費用が低いので、神戸の工場を引き払い、京都のみで生産を始めたのです。したがってこの場合、神戸の消費者もより低い価格で洋服を買えることになり、満足感が上がっています。つまり、消費者の満足感は両方の地域で上がっているのです。

しかし、労働者の状況はより複雑なものになっています。上記の思考実験においては、人々は消費者としての役割のみを果たしており、労働者として働き、賃金を稼ぐという役割は記述されていません。現実には工場があればそこでは労働者が働いています。また、消費者の多くは労働者として働くことで賃金収入を手に入れ、それを使って消費活動をしています。中間投入財企業が集積し、アパレル企業の工場がある京都では賃金が高くなる反面、中間投入財企業が姿を消し、アパレル企業の工場もなくなった神戸では、雇用がないため失業率が高くなっている可能性があります。このようなことも考慮に入れると、神戸では必ずしもすべての人の満足感が高くなっているとは限りません。

6　スキルの多様性（多様性と集積③）

労働者のスキルの多様性がある場合の議論は、中間投入財に多様性がある場合と非常に似ています。京都と神戸の二つの地域があるとします。二つの地域では洋服を生産する企業が労働を投入して活動を行っています。ただし、個々の労働者が供給する労働は全て異なっています。デザインを得意とする労働者、布の裁断を得意とする労働者、縫製を得意とする労働者等、さまざまな種類の仕事を得意とする労働者が、各自の得意なスキルを使って工場で働き、洋服が生産されています。個々の労働者は異なる種類の仕事が得意なのですが、それは、個々の労働者が全て異なるスキルを持っているということを意味しています。労働者の数＝労働者が供給するスキルの種類数が増えるたびに、アパレル企業は低い費用で財を生産できるようになります。これは、お互いに異なったスキルを持った労働者の数が増えると、洋服の生産工程が細分化される程度が大きくなり、分業による協業によって生産効率を高めていくことが可能になるからです。

単純化のため、この思考実験では労働者は地域間を引っ越しすることはできないことにします。また、洋服を作る部門で働くことができなかった労働者は、代わりに自分の家で農業をすることにします。生産した米を売ることで収入を手にし、洋服を買うのです。また、洋服を異なる地域に運ぶと、輸送費用がかかるとします。

洋服を生産する企業は、以下の三つの中から最も儲《もう》かる生産方法を検討します。①京都と神戸の両方に立地し、両方の地域で洋服を作る。②京都に立地し、そこで全ての洋服を生産する。③神戸に立地し、そこで全ての洋服を生産する。これら三つの選択肢から最も費用が掛からない方法を採用します。

京都と神戸に住んでいる労働者の数を比べると、少しだけ京都の方が多いとします。すると、アパレル企業の生産費用は工場を京都に配置した場合の方が神戸に配置した場合よりも低くなります。

洋服の輸送費用が高い場合、実現するのはやはり①になります。この場合、洋服の生産費用は京都の方が低いのですが、京都から神戸に最終消費財を運ぶことの輸送費用が高いので、神戸にも工場を作った方が良いのです。

しかし、輸送費用が低下すると、洋服の生産が京都だけで行われるようになります。輸送費用が十分低くなると、京都から神戸に洋服を運んででも、京都で生産することのメリットが大きくなるのです。前の節のケースと同じで、輸送費用の低下とともに、洋服の生産活動は京都のみで行われるようになるのです。

このように、輸送費用の低下によって洋服の生産が一つの地域だけで行われるようになり、もう一つの地域が農業以外の産業を失ってしまう様子が見て取れました。やはり、歴史的な偶然により、労働者が多く住んでいた地域と、労働者が少なかった地域では最終的に大きな格差が生じてしまうのです。

この思考実験では労働者が地域間を引っ越しできる状況は考えていません。そこで、労働者が地域間で引っ越しができると考えたらどうなるでしょうか。この場合、労働者はより高い満足感が得られる地域に住むことを選択します。この場合でも確実にわかることは、輸送費用が十分低い場合、全ての労働者が一つの地域に集まり、その地域で全ての洋服が生産される状態が実現することです。

7 輸送費用の低下は現在も止まっていない

第4〜第6節のいずれのケースにおいても、輸送費用の低下とともに、経済活動が一つの地域に集積しました。そして、経済活動がどの地域に集積するのかは、歴史的な偶然によるものであることも確認できたと思います。

第1節で見てきたように、輸送費用は、狩猟採集時代から農耕経済の時代にかけては馬の家畜化、車輪の発明といった技術革新によって、産業革命期には蒸気機関の発明や自動車の発明などの技術革新によって低下してきました。それとともに、農村が形成され、町が形成され、次第に大きな都市が形成されるようになってきたのです。

第2節で見たように、明治時代以降の日本では鉄道網の整備が進みました。こうした鉄道網の整備とともに、東京圏、名古屋圏、大阪圏の三大都市圏が形成され、農村部や地方都市から大量の人々が三大都市圏に移住してきました。

第二次世界大戦後には、鉄道網の整備とともに、自動車の普及と高速道路の整備が進みました。1962年の首都高速道路の開通、1963年の名神高速道路の開通、及び1964年の東海道新幹線の開通は輸送費用が低下したことの象徴的な出来事です。このような輸送技術の発展により、大阪圏の相対的な地盤沈下が起こり、東京圏への企業と人々の移住の集中が起こりました。東京一極集中の時代に突入したのです。

輸送技術の発達は現在も止まっていません。2015年には北陸新幹線が金沢まで開業し、東京―金沢間が結ばれました。2024年には敦賀《つるが》まで延伸され、東京―敦賀間が結ばれる予定です。さらに、JR東海の計画では、2027年には品川―名古屋間にリニア中央新幹線が開通し、2037年には名古屋―新大阪間にリニア中央新幹線が開通する予定です。

このような高速鉄道網の整備が経済に与える影響を分析することは、都市・地域経済学の重要な使命です。北陸新幹線の開通は、東京―金沢間を人や財が移動することの費用を下げました。これにより、金沢の経済活動の幾分かは東京に移動するでしょう。しかし、新幹線の開通によって利便性の増した金沢には、小松や福井といった周辺地域から経済活動が移ってくるでしょう。したがって、金沢の経済が地盤沈下するか否かについてははっきりとしたことは言えません。

また、リニア中央新幹線の開通によって、名古屋の経済活動の幾分かも東京に移るでしょう。しかし、リニア中央新幹線の開通によって利便性の増した名古屋には、岐阜や岡崎といった周辺地域から経済活動が移ってくるでしょう。したがって、名古屋圏の経済が衰退に向かうのか否かについてははっきりしたことは言えません。

リニア中央新幹線の開通が遅れる大阪では、この期間に経済活動が東京—名古屋を結んだ地域に奪われる可能性があります。東京—名古屋を結んだ地域の域内輸送費用が低下するため、この地域の利便性が非常に大きくなる反面、大阪はこうした動きから取り残されるからです。

いずれにしても、一つだけ確実に言えることがあります。こうした高速輸送技術の発達によって、東京一極集中が加速するであろうことです。これまでの分析で見られた通り、輸送費用の低下は既存の集積を強化する方向に向かいます。国内第1位の集積である東京は、輸送費用の低下によってますますその地位を強固なものにすることでしょう。

さらに、東京、名古屋、大阪を含む地域が人の移動費用が低く、財の輸送費用も低い統合された巨大な経済圏になり、他の地方から多くの経済活動を吸収することになる未来がやってくることでしょう。

第3章　集積と経済成長

日本のGDPの移り変わり

図3-1を見てください。図3-1は内閣府の長期経済統計をもとに1955年から2011年までの日本の名目GDP（国内総生産）の移り変わりを描いています。GDPというのは、ある期間に日本国内に住んでいる人が生み出した財、サービスの付加価値の合計です。たとえば2009年のGDPとは、2009年の1年間に日本に住んでいる人々が作りだした物の価値の合計ということになります。「名目」という言葉は、数字が物価水準の変動を含んだ値になっていることを意味しています。ある国の豊かさを表す指標として、GDPは最も頻繁に用いられるものです。

GDPの成長率というのは、1年間でGDPがどれだけ大きくなったのかを示しています。たとえば、ある年のGDPが100でその次の年のGDPが101であった場合、この1年間でのGDPの成長率は（101－100）÷100＝0.01、つまり1％ということにな

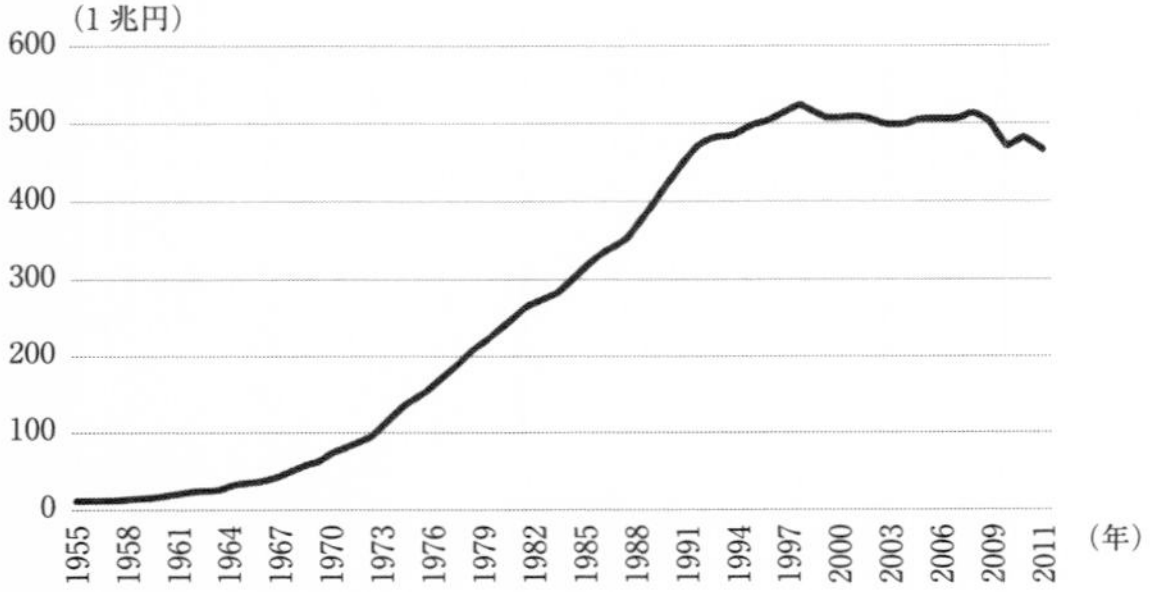

図3-1　日本のGDP

ります。図3-1では折れ線の傾きの大きさがGDPの成長率の大きさを示しています。折れ線が右上がりで、その傾きが急激になっている場合、GDPが早く成長していることを示しています。経済が目に見えて豊かになっている時代には、GDPの成長率が高くなります。

1955年から1980年頃までは高度経済成長期という名前で呼ばれるように、名目GDPが非常に速いスピードで成長していることがわかると思います。この期間のGDP成長率は非常に高く、1955年から1980年までの25年の間にGDPは約30倍になっています。25年で日本全体で30倍もの生産物価値を生み出すようになり、30倍お金を稼ぎ出すようになったということです。

1991年以降は一転して名目GDPの成長率が低くなっています。1990年代後半以降は物価水準も低下するデフレ基調なのもあって、名目GDPの成長率がマイナスになっている年も多くなっています。この時代の日本は「失われた20年」とも呼ばれ、国際的水準と比較してもGDP成長率は低くなっています。

それでは、GDP成長率が高くなったり、低くなったりする原因は何でしょうか。図3-1では日本全体の名目GDPを上げましたが、日本に住む人の生活水準をもっと正確に反映するならば、1人当たりGDPを考える必要があります。名目GDPは1人当たりの生産物の価値に人口をかけた値になっているので、1人当たりの生産性が低くて作り出す物の価値が小さくても、人口が多いと数字は大きくなります。その国の生活水準は、人が1人当たりでどれくらい大きな付加価値を作り出しているのかに依存します。なぜなら、1人1人が稼ぎ出すお金は、経済全体ではなく、1人で作りだす価値の大きさによって決まるからです。1人当たりが作り出す価値の大きさを求めるためには、名目GDPをその年の人口水準で割ってやればよいことになります。

図3-2には内閣府の長期経済統計をもとに、1人当たりGDPの移り変わりを描い

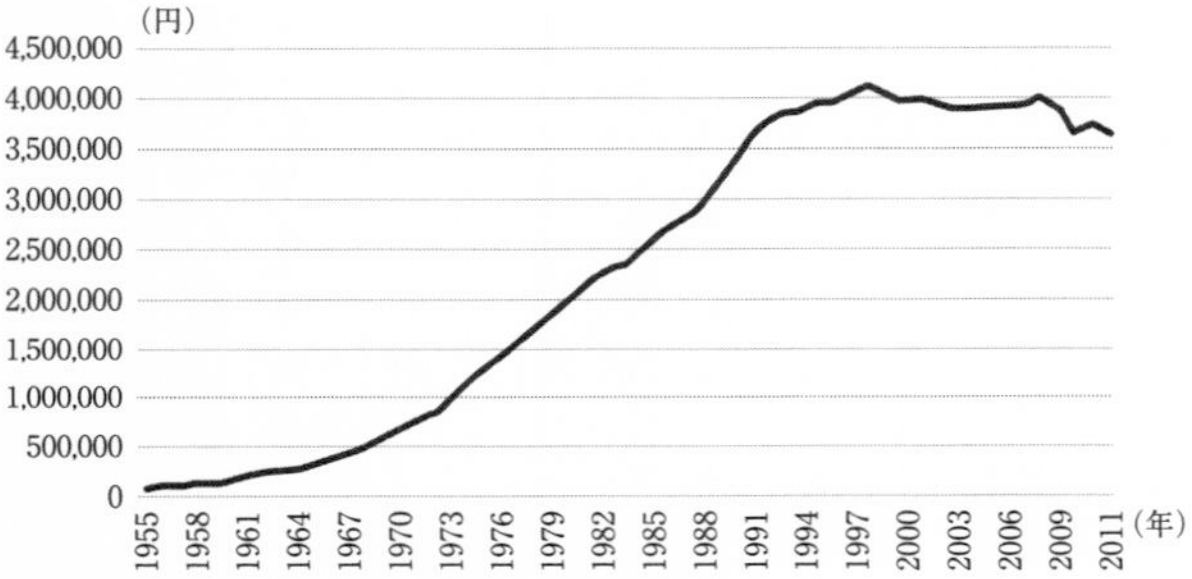

図 3-2　日本の 1 人当たり GDP

ています。１人当たりＧＤＰというのは、日本に住んでいる人が平均すると１人当たりどれくらい物の価値を作り出しているのかを表す数字です。つまり、平均すると１人当たりどれくらい稼ぎだしているのかを表しています。

１人当たりＧＤＰも名目ＧＤＰと似たような軌跡をたどってきています。やはり１９５５年から１９８０年の間の成長率が非常に高く、１９８０年の１人当たりＧＤＰは１９５５年の約22倍になっています。つまり、この期間に１人当たり22倍の付加価値を生み出すようになり、22倍のお金を稼ぐようになったのです。それに対し、１９９０年以降は１人当たりＧＤＰの伸びは停滞し、１９９０年の１人当たりのＧＤＰの水準と２０１１年の１人当たりＧＤＰの水準はそれほど変わっていません。この期間の物価のデフレ基調を反映して、やや低下する傾向も見て取れます。

改めて図2-1と図2-2（71ページ）を見てください。1955年から1980年の高度成長期に当たる期間は、農村部や地方都市から、三大都市圏に大量の人々が流れ込んでいることが見て取れます。つまり、高度成長の期間中には、日本では地方から三大都市圏へ人口の急激な流入が進んだのです。それに対して、1980年以降の農村部や地方都市から三大都市圏への人口の流入は、それ以前と比較すると穏やかになってきています。この期間には、大阪圏と名古屋圏への転入超過数は低い値をとるようになっていますが、東京圏の転入超過数は堅調に推移しています。つまり、東京一極集中の構図がはっきりしたのです。

注目していきたいのは、高度成長期に経済成長と経済活動の集中の両方が加速したことです。このような現象は各国で一般的に観察されます。産業革命期のイギリスでは、ロンドンやマンチェスターやリバプールのような都市に人口の集中が起こっていますし、最近では経済活動のロンドン一極集中が進んでいます。また、中国では急速な経済成長と並行して、沿岸都市部への経済活動の集中が進んでいます。北京、上海、そして深圳《しんせん》のような沿岸部の大都市には、人口と企業が集まり、このような都市では賃金の伸びも著しいのです。経済成長と経済活動の集中がなぜ同時並行で起こっているのか、本章はこの点について考えてみたいと思います。

1　経済成長のメカニズム

まず、経済成長のメカニズムを考えることから始めましょう。経済成長とは、1人当たりGDPが年を経るごとに大きくなっていくことです。それでは、1人当たりGDPが大きくなる理由は何が考えられるでしょうか。一つの大きな理由は、「資本蓄積」と呼ばれるものです。

資本蓄積

資本蓄積とはなんでしょうか。簡単に言うと、生産活動で使う機械の量が労働の量に対して増えることを言います。産業革命期のイギリスの繊維産業では、大規模な機械が導入されることにより、急速に労働生産性が上がりました。

同じだけの労働量に対して、使う機械設備の量が増えるので、労働者1人当たりで作れる物の量は増えます。これによって1人当たりGDPが高くなるのです。1955年から1980年の日本では、資本蓄積が経済成長に大きく貢献したことが知られています。この時期の日本はアメリカをはじめとする先進国の技術を自国に取り入れ、そのために必要な機械設備を導入することで生産性を引き上げていったのです。

工場の建設や機械設備の導入は、企業による設備投資によって進みます。設備投資とは、企業が工場を建設したり機械設備を買ったりすることを呼びます。手元に豊富な資金を持っている企業はその資金を使って設備投資をするでしょう。しかし、全ての企業が豊富な自己資金を持っているわけではありません。それでは、手元に豊富な資金のない企業はどのようにして設備投資をするのでしょうか。それを可能にしているのが、金融というシステムです。銀行や証券会社が金融機関にあたります。

手元の資金だけでは設備投資を行えない企業が資金を調達する方法は、大きく分けて二つあります。一つは、銀行にお金を借りることです。そしてもう一つは、株式を発行して、証券会社等に買ってもらうことです。

株式とは、企業の所有権のことです。株式を買うと、企業があげた利潤の一定割合を「配当」という形で手にすることができます。ですから、利潤を多くあげると見込まれる企業の株式は高くなります。この株式を買ってもらうことで、企業にお金が入るわけです。

それでは、銀行は何を元手にお金を貸しているのでしょうか。証券会社は何を元手に株式を買っているのでしょうか。それは、人々の貯蓄になります。人々は、銀行に口座を開き、お金を預けています。銀行はそれらを集めて、企業に融資しているのです。また、株式等に興味のある人は、証券会社を通じて株式を売買しています。株式の購入も手元の資金で株式を買って将来のお金を増やそうとしているわけですから、貯蓄にあたります。

簡単に言うと、設備投資の資金は、人々の貯蓄を全て足し合わせたものが金融システムを通じて企業に回ってきたものです。ですから、企業が設備投資をたくさんするためには、その国に多くの貯蓄がある必要があります。高度成長期の日本では、国全体で貯蓄率が非常に高かったことが知られています。それが企業の設備投資を支え、速い資本蓄積を可能にしたのです。太平洋ベルトの一帯に多くのコンビナートが建設され、自動車や電気機械等の重化学工業を中心にした高度成長は、高い貯蓄率が支えたのです。

一般に、発展途上にある国は資本蓄積によって生産性を上げていきます。道路や港湾など、公共的な生産資本の整備を政府部門が進め、工場や機械設備の導入を民間企業が進めます。経済発展の初期の段階では、自前で技術の開発を進めることは少なく、先進国の技術の模倣を進めることが多いのです。

しかし、この資本蓄積のみによる経済成長は永遠には続きません。工場や機械設備を増やしていくと、労働者1人当たりの生産量はだんだん増えていきます。たとえば、5人の教室で計算の課題が出たとします。この時、与えられた時間当たりで出される正解の量が増えると、「経済成長」が起こったと考えることができます。コンピューターがない場合、5人全ての人が協力して手計算で解答を出さなければなりません。この教室にコンピューターが導入されると、最初の1台の導入で与えられた時間当たり出される正解の量は大きく増えるでしょう。2台目の導入、3台目の導入、4台目の導入、そして5台目の導入までは、コンピューターの導入は正解の量を大きく増やすことでしょう。

しかし、コンピューターの数が5台を超えると、人よりもコンピューターの数の方が多くなってしまいます。この辺りから、コンピューターの増加は正解の量をあまり増やさなくなってくるでしょう。人1人でコンピューター2台を同時に扱っても、1台の場合に比べて大きく計算量を増やすことができなくなってくるからです。さらに、コンピューターを増やして、99台から100台に増えても、ほとんど計算量が変化することはなくなっているでしょう。与えられた人の数に対してコンピューターの量を増やしても永遠に計算量が増え続けることはないのです。

このコンピューターの導入が資本蓄積にあたります。既存技術で使う機械設備の導入が終わり、道路や港湾等の整備が終わると、経済成長はそこで止まってしまうのです。

技術の進歩

資本蓄積のみによる経済成長はいずれ止まってしまいますが、全ての先進国の経済成長が止まっているわけではありません。資本蓄積が成熟した段階の後には、経済成長は

コンピューターの導入により
計算量が増大
⇨経済成長
コンピューターを増やしても
計算量が増えなくなる
⇨経済成長ストップ

技術の進歩によっても進むのです。

技術進歩の一例としてソフトウェアを挙げることができます。コンピューターに新しいソフトウェアをインストールした時に何が起こるかを考えてみましょう。生産に携わる資本であるコンピューターとその使い手である労働者には何の変化も起こりません。しかし、新しく組み込んだソフトで、同じコンピューターと労働者が作ることができる生産量は突然大きくなるでしょう。

先ほどの、5人の教室での計算の例に当てはめると、素早く大量に計算することができるアプリが開発され、それがコンピューターにインストールされることが技術の進歩にあたります。たとえば、コンピューターが10台導入されたところで計算の量が増えなくなっていたとしても、新しいアプリのインストールで改めて計算量を増やすことができるようになるでしょう。このように、技術の進歩は経済を成長させてくれるのです。

では、技術の進歩はどのように起こるのでしょうか。生産量が向上するアイデアを思いつき、さらに実現するためには、人と資源を研究開発に振り分ける必要があります。計算量を上げるアプリは自然にはできあがりません。アプリを開発するために人とコンピューターを使わなくてはならないのです。

このような技術への投資の性質は、時間と場所によって大きく異なっています。現在の先進国は新しい製品や新しい製造工程の創出のために、途方もない研究開発費をつぎ込んでいます。OECD（経済協力開発機構）の推計によると、2019年の研究開発費はアメリカでは6127・1ドル、日本では1726・1ドルです。アメリカはGDPの3・1％、日本はGDPの3・2％に当たる金額を研究開発に使っているのです。

しかし、新しい技術を開発するために膨大な資源を使うようになったのは、比較的最近の現象です。経済学者のデイヴィッド・N・ワイルによると、19世紀半ば以前において技術進歩は正式な訓練を受けた科学者より、もともと「物好きな」人の産物だったようです。今でも、大会社の型通りの研究開発活動は、家の車庫で1人の発明家が暇な時間に行う努力に及ばないことが少なくありません。ワイルを引用します。

殆どの研究開発活動は、利潤最大を求める民間会社によるものである。しかし技術特有の性質によって長い間政府が主導してきた。たとえば1714年英国政府は正確な経度測定手段を発明したものに2万ポンドの賞金を与えると公表した。その目的は製造への応用より軍事関連が主であるが、2006年のアメリカのR&Dの31%は政府がスポンサーになっている。例をあげるとインターネットが作られ育てられたのは政府援助によるものだった。しかし政府のR&Dに対する援助の中で最も重要なことは、R&D活動の成功者にその仕事の模倣を防ぐ法的保護を特許権として与えることである。

民間企業は製品を生産、販売して儲《もう》けることを目的としています。このことが利潤最大という意味です。また、R&Dとは、Research and Development の略であり、研究開発活動のことです。右の文章は、研究開発活動が進むためには、政府が大切な役割を果たすことを主張しています。研究開発活動を金銭的に援助することはもちろん重要です。しかし、最も重要なことは新しい技術が他の企業に真似をされることを防ぐために「特許権」の仕組みを整えることであることが書かれています。これは何を意味しているのでしょうか。

民間企業が研究開発活動に莫大《ばくだい》なお金を投入しているのはなぜでしょうか。それは、新しい製品を開発したり、新しい製造工程を開発したりすることによって、儲けることにあります。計算アプリの開発をする人や会社は、その計算アプリを売って儲けることを目的としているのです。

しかし、作った製品がすぐに真似されてしまうとしたらどうでしょうか。アプリの開発企業はアプリの開発で儲けることができなくなります。したがってこの場合、この企業はアプリの開発にお金をかけることをやめてしまうでしょう。なぜなら、アプリの開発に使った資金を取り返すことができず、研究開発をすることでかえって損をしてしまうことになるからです。すると、教室で行われる計算の量は増えなくなり、コンピューターが10台導入されたところで経済成長は止まってしまいます。このような社会では、Windowsも、iPhoneも開発されることはないでしょう。

新しい技術は、新しい「アイデア」によって成り立っています。このアイデアの最大の特徴は、ある人が一つのアイデアを使うと、他の人がこのアイデアを使えなくなるといったことがないということにあります。つまり、一つの企業がそのアイデアを使うとき、他の企業がそのアイデアを使うことを防ぐことができないのです。つまり、新しい技術、新しい製品、新しい製造工程等の新しいアイデアは、一度開発されると、真似をされることを防ぐことが難しいのです。そして、アイデアが他の企業に真似をされてしまうと、そのアイデアを使って儲けることができなくなってしまいます。新しいゲームを開発しても、他社が全く同じゲームを出してしまうと、そのゲームで大儲けすることはできません。

こういったことを防ぐために重要なのが、「特許権」の制度の確立です。特許権とは、研究開発が成功し、新しい製品や製造工程が生まれた際に、それが政府に申請されると一定期間他の企業や人がそれを真似することを禁止するシステムです。このことにより、新しい製品や製造工程の開発に成功した企業が、それらによって儲けることが可能になるのです。特許権の制度を整えることは、経済成長のための基礎的な条件だということができるでしょう。

特許権の制度が整っていると、民間企業は、大きく儲かる技術の開発のためには、たくさんの研究開発活動費用を使うようになります。成功すると大儲けすることが出来る研究開発活動には多くの資金が投入されるのです。

Windows の開発に成功したマイクロソフトは巨大企業に成長し、ソフトウェアのアップデイトに今でも多くの資金を投入しています。グーグルもソフトウェアの開発だけではなく、自動運転のような新しい技術の開発にも着手しています。トヨタ自動車は1997年に売り出した「プリウス」というハイブリッド車の開発によって大きな利潤を上げましたが、自動車のエンジンはハイブリッド車に留まらず、電気自動車の開発に進んでいます。テスラやトヨタ等の企業が開発を巡って激しく競争していますが、それらも全て、開発に成功した際に将来手に入れることができる莫大な利潤が目的であり、だからこそ膨大な資金が投入されているのです。

人的資本の蓄積

人的資本とはなんでしょうか。簡単に言うと、労働者の「質」のことを表しています。1人の労働者は虚弱な人、屈強な人、病気の人、健康な人、無知な人、教育がある人など実にさまざまです。上手に労働を供給することができる人、つまり特別頭が良いとか、疲れ知らずに働けるような人々は、より高い賃金を稼ぐことができます。歴史を顧みると、より強靭《きょうじん》な肉体を持った人はより高い所得を得ることが可能でしたし、現代ではより高い教育水準にある人々は、高い賃金を稼ぐことができます。

国が経済的に発展すると、国民の健康は向上します。健康状態の改善は人々の生活水準が高くなっていることのわかりやすい証拠です。健康は生活水準の高くなったことの証拠であるだけではなく、生産要素に使われる労働の質としての側面もあります。より健康な人は、より激しく、長く働くことができます。だとすると、健康状態の向上は、労働の質が高まることを意味しています。

ワイルによると、国が発展するにつれて国民の身体は大きくなるようです。英国の男性の平均身長は1775年から1975年の間に9・1センチ大きくなりました。1855年にはオランダの成年男性の3分の2は168センチ以下の身長でした。しかし、現在その割合は2%以下に下がっています。同様に、20歳台の韓国人男性の平均身長は1962年から1995年の間に5センチ伸びました。

このような身長の伸びの要因は栄養摂取の向上にあります。英国では成人男性の1日のカロリー摂取量は1780年の2994キロカロリーから1980年の3701キロカロリーに上昇しました。同様に、韓国成人男性の1日のカロリー摂取量は1962年から1995年に2214キロカロリーから3183キロカロリーに上昇しました。身長は栄養不良、特に胎児と1歳の時の栄養不良の良い指標になっています。低い身長は、食料供給不足に対する生物的適応なのです。なぜなら、身長が低ければ、摂取カロリーは少なくて済むからです。

経済学者のロバート・フォーゲルはイギリスの1780年から1980年までの2世紀間の栄養の改善が経済成長に与えた影響を計測しました。1780年にイギリスの下位20%の最貧困層の成人は、栄養が悪く、1日1時間の肉体労働に必要なエネルギーさえも持たなかったと計算されています。1980年になるとこの種の栄養不足は完全になくなり、全ての成人は働けるだけの十分な栄養を摂取していました。その変化それ自体で成人1人当たりの生産量を1・25倍に増やしました。働いている成人ではカロリー摂取量の増加によって供給できる労働量は56%増になったと計算されています。これら二つの効果を合わせると、栄養の向上は1・25×1・56＝1・95倍の生産の上昇になります。これが、栄養の向上による人的資本蓄積の経済成長への貢献です。

また、人々は、体だけを使って働いているわけではありません。頭脳を使って働いています。先進国経済では、個人の賃金の決定には身体能力よりも知的能力の方がはるかに重要です。この理由によって、人の知性を向上させる投資＝教育は、人的資本への最も重要な手段になりました。

教育水準は国によっても時代によっても大きく異なりますが、一般に発展途上国では教育水準が低く、先進国では高くなります。経済学者のロバート・ジョセフ・バローとジョンファ・リーによると、1960年に高等教育を受けた人の割合は、発展途上国では0・4％、先進国では3％でした。この割合は2000年には発展途上国では3％、先進国では13％になっています。発展途上国と先進国の間では高等教育を受けた人の割合が大きく異なりますが、1960年から2000年にかけて、両方の国々で高等教育を受けた人の割合が多くなったことが見て取れます。日本の大学進学率（高等教育を受けた人の割合に相当します）は、1960年には10・3％だったのに対し、2000年には49・1％になっています。1980年時点でこの割合は37・4％になっているので、やはり高度成長期に大学進学率が大きく伸びたことがわかります。つまり、高度成長を支えた要素の一つが教育による人的資本の蓄積であり、教育による人的資本の蓄積のメリットが高度成長期に増えたという推測ができます。

人的資本は、機械設備等の物的資本と多くの似た点を持ちます。物的資本も人的資本もそれを増やすためには投資が必要であり、いったんできあがると経済的価値を持ちます。物的資本も人的資本もそれらが増えると、労働生産性が高まります。人的資本の労働生産性向上への貢献である人的資本蓄積の収益は、労働賃金データから推計することができます。教育水準が高くなれば高い賃金を得ている事実は、人的資本の蓄積が収益を生み出すことの証拠とみなすことができます。人々がもう1年長く学校教育を受けた場合に受け取る賃金の増加分を「教育の収益」と呼びます。バローとリーによると最初の4年間の通学（小学校1年生から4年生まで）は年13・4％の収益になり、次の4年間（小学校5年生から中学校2年生まで）では10・1％、8年以上の教育では年6・8％の収益となります。初期の教育では、読み書きや計算という最も重要な技術が教えられるため、収益が高くなっています。

教室での計算の例に戻りましょう。パソコンの導入による計算の量の増加には限界がありました。新しいアプリの開発による技術革新は計算量の増加につながり、経済成長をもたらします。人的資本の蓄積は、教室にいる人そのものが健康になり、賢くなることを意味します。健康になることで長い時間集中力を維持したまま、大量の計算をこなせるようになります。さらに、学校教育を受けることによって計算を巧みにこなせるようになりますし、コンピューターを上手に使いこなせるようにもなるでしょう。これによっても計算量が上がるのです。

教育には他の効果もあります。読み書きを覚えた人々は他の人々と上手にコミュニケーションを取れるようになります。また、中にはうまい計算方法を考え付いて他の人に教えるようになる人も出てくるでしょう。あるいは、教育を受けた人々同士で話し合って、新しく上手《うま》い計算方法を考えつくかもしれません。いずれにしても重要なのは、ある人が教育を受けていると、他の人の生産性を上げる効果もあるということです。

このように、健康状態の向上、教育による知的能力の向上、いずれの人的資本の蓄積も、労働生産を向上させ、経済成長を促すのです。

2　日本の高度成長期に起きた集積

この章の最初で見たように、高度成長期の日本では三大都市圏への経済活動の集中が進んでいます。産業革命期のイギリスをはじめとして、経済成長の過程で経済活動の集中が発生するのは一般的な出来事です。なぜ経済成長の過程では集積が発生するのでしょうか。この節ではその原因について考えてみましょう。

一つの原因は、鉄道網の整備や高速道路網の整備、自動車の普及といった一連のできごとが促した財や人が地域間を移動する際の輸送費用の低下です。鉄道網や高速道路網の整備は、企業が生産した財を消費される市場まで運ぶ際の輸送費用や、生産に使う中間投入財を工場まで運ぶ際の輸送費用、あるいは社員が出張する際の移動費用を減らします。このような輸送費用や移動費用の低下は、企業が市場まで財を運ぶ費用や、原材料を調達する費用、さらには社員の出張費用を減らすため、生産性の上昇をもたらすでしょう。

輸送費用の低下が経済成長に結びつく原因はまだあります。第1章の議論を思い出して下さい。輸送費用の低下は、比較優位のメカニズムを活用することを可能にします。消費財が各地域間を低い輸送費用で移動できるようになると、各地域が他地域と比較して生産する際の機会費用が低い財（村Aにおける羊毛）の生産に専念することができるようになります。各地域が得意な財の生産に特化することによって、全体の生産量が増えることは第1章で見た通りです。輸送費用の低下は、比較優位のメカニズムを通じて経済成長に貢献します。

第2章で見たように、輸送費用が低下すると消費財の多様性、中間投入財の多様性、そして労働者のスキルの多様性を通じて経済活動の集積が起こります。つまり、輸送費用を低下させる交通網の整備等は、経済成長と集積の両方を同時に発生させる原因になっているのです。

物的資本の蓄積は、「規模の経済」、「地域特化の経済」を通じて集積と経済成長の両方を進めます。第1章では、生産活動にコンピューターを導入する場合に経済活動の集積が起こることも見てきました。生産活動へのコンピューターの導入は、物的資本の蓄積にあたります。第3章第1節で見てきたように、物的資本の蓄積は経済成長の主要な原因の一つです。

物的資本の蓄積は大規模な工場や機械設備の導入を伴うことが多いことに注目しましょう。大規模な生産設備が導入されると、生産に規模の経済が働くようになります。規模の経済とは、大規模な生産施設でたくさんの労働者を雇い入れ、大量に物を生産するようになると、労働生産が上がるという仕組みのことであり、第2章で見た通り、生産活動の集積の原因にもなります。つまり、物的資本の蓄積も経済成長を促すと同時に、生産活動の集積の原因になっているのです。

高度成長期の日本では、太平洋ベルトと呼ばれる地域の沿岸部に多くのコンビナートが建設され、そこにたくさんの大規模な工場施設が建てられました。そこでは石油精製、鉄鋼、造船、電気機械、自動車等の重化学工業が行われていたのです。これが高度成長期の資本蓄積であり、経済成長を促すと同時に経済活動の集積を進めたのです。

コンビナートでは、効率的な生産活動を行うために港湾地域に石油精製を行う工場等が集まっています。輸入されてくる石油を大量に使うため、大規模な港湾施設の近くに工場が集められています。さらに、共通の石油パイプラインを使うことによって生産設備の建設費用を下げています。共通の生産設備を使うことで生産工程が効率化されるのは、まさに地域特化の経済です。コンビナートの建設という物的資本の蓄積は、関連企業の工場を集めることにより、集積を呼び込むことにつながっているのです。

経済成長の主要な原因は、物的資本の蓄積、技術の進歩、人的資本の蓄積の三つです。上記のように、物的資本の蓄積は経済活動の集積をもたらすようです。ここからは、技術の進歩と人的資本が経済活動の集積をもたらす要因について考えてみたいと思います。そのために、５人で計算をする教室の例に戻ってみましょう。

この例では、技術の進歩はコンピューターにインストールする新しい計算アプリの開発によって表現され、人的資本の蓄積は、人々そのものが健康になったり賢くなったりすることで表現されていました。アプリの開発という技術の進歩も５人の人々が自ら行うケースを考えてみましょう。この場合、５人が別々の教室でアプリの開発をやるよりも、一つの教室で知恵を出し合って行った方が進みそうですね。シリコンバレーにソフトウェア企業が集まっているのは、そこに集まった専門知識を持った労働者が知識やアイデアを交換することで新しいアイデアを生み出すためです。新しいアプリの開発という技術の進歩は、人々が集まることによって効率的に行われるようになるのです。

第1章で議論したように、労働者が1か所に集まって知識の受け渡しを行うことが可能になるのは、マーシャルが提唱した「集積の経済」の一例です。アプリの開発に必要な知識の習得も、アプリの開発も、集積の経済によって効率的に進めることが可能になります。多くの人々が集まる都市の重要な機能の一つは、人々に出会いの機会を提供することです。紀元前の都市国家ギリシャではソクラテスやプラトン、アリストテレスのような哲学者たちが問答を交わすことによってお互いの知識を交換し、新しい知識を生み出しました。現代のシリコンバレーでもハイテク労働者が実際に会い、知識を交換することで新しい知識を生み出しているのです。

日本の高度成長期には、都市部にある大学や企業の研究所で研究開発活動が行われていました。高度な知識を持った労働者が都市部の大学や研究所に集まって研究開発活動を行うことによって技術の進歩を進めたのです。

次に、人的資本の蓄積を見ていきましょう。アプリの開発という技術の進歩は、計算を行うという単純な作業よりも高度な知識を必要とします。計算という単純作業だけを行っていた場合と比較すると、技術の進歩は高度な知識を備えた人材を必要とするのです。つまり、技術の進歩のためには人的資本の蓄積が必要なのです。アプリの開発に必要な知識を身に着けるためには、5人が集まってわからない箇所を教え合ったり、競争したりしながら勉強した方が、別々に勉強するよりも良いことが多そうです。そこで、5人は一つの教室に集まって勉強するようになります。初期のシリコンバレーの技術者の多くはスタンフォード大学で勉強したそうです。この例でも、労働者は一つの教室に集まって勉強することで効率的に人的資本の蓄積を行います。

日本の高度成長期には高等教育を受ける人々の割合が大きく増加しました。これは、高度な知識を必要とする経済活動が増えたことを意味しています。経済成長の過程では技術の進歩、あるいは模倣が必要になります。技術革新に高度な知識が必要なことはもちろん、模倣活動も外国語で読み書きができたり、論文を読みこなしたりできるような高度な知識が必要になります。高度な知識に対する必要性が高まるため、このような知識を備えた労働者に対する報酬が高くなります。報酬が増えたため、多くの人々が高等教育を受けるようになるのです。このような人々の多くは、都市部にある高等教育機関に集まって教育を受けることで人的資本の蓄積を進めたのです。

第4章　少子化と都市

2014年、一冊の本の出版が衝撃を引き起こしました。増田寛也編『地方消滅——東京一極集中が招く人口急減』という本です。この本では日本の少子化の現状が豊富なデータによって綴《つづ》られ、全国の自治体の49・8%に当たる896の自治体で2010年から2040年までの間に20歳から39歳の若年女性の数が半分になってしまう「消滅可能性都市」にあることが示されたのです。

『地方消滅』では、東京一極集中こそがその原因であると言われています。確かに東京一極集中によって農村部や地方都市の人口は減りそうです。しかし、少子化とは、文字通り子供の数が減ることです。東京一極集中と少子化の間にはどのような関連があるのでしょうか。

少子化は、人々が持つ子供の数が減ることによって引き起こされます。人々が持つ子供の数は、「合計特殊出生率」という数字で測られることが多いので、最初にこの合計特殊出生率について解説します。

合計特殊出生率とは、15歳から49歳までの女性の年齢別の出生率を合計したものです。1年あたりの出生率を、15歳から49歳までの出産可能年齢で合計するわけですから、1人の女性が一生の間に産む子供の数の平均値であると言うことができます。男性が子供を産めないことに注意すると、合計特殊出生率が約2を下回ると、人口が減ってしまうことがわかるでしょう。乳幼児死亡率を考慮すると、2・07という合計特殊出生率が、人口が減らないための最低値であると言われています。

図4-1は人口動態統計により1950年以降の日本の合計特殊出生率の推移を描いています。1950年に3・65だった合計特殊出生率は急激に下がっていきますが、1974年までは2を上回る水準を維持していました（1966年は丙午《ひのえうま》と呼ばれる年で、この年だけは1・58という水準になっています。次の丙午は2026年になります）。1975年以降は2を下回る水準になり、以降一度も2を上回っていません。2019年の合計特殊出生率は1・36になっています。

図4-2を見てみましょう。この図は、厚生労働省の人口動態統計、総務省統計局の

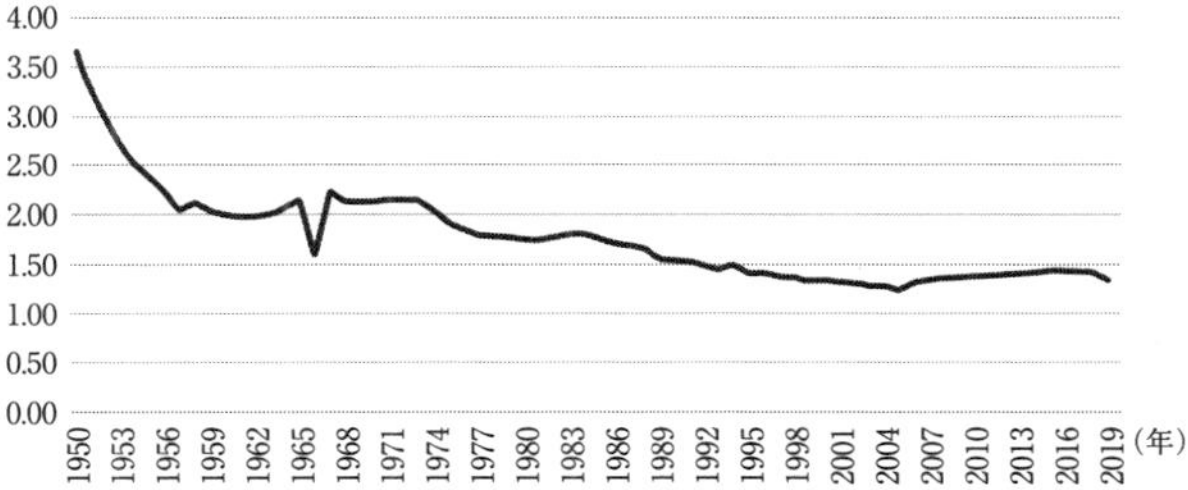

図 4-1　日本の合計特殊出生率の推移

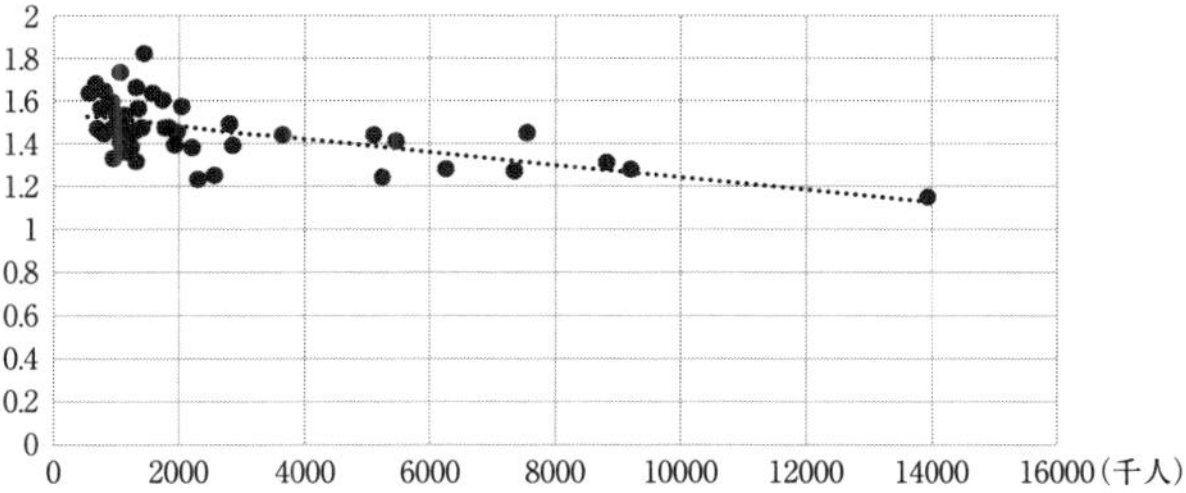

図 4-2　都道府県の人口と出生率（2019 年）

「国勢調査報告」および「人口推計」をもとに2019年の都道府県の人口を横軸に、合計特殊出生率を縦軸に描いたものです。各点が都道府県の人口と合計特殊出生率の組み合わせを表しています。最も右側にある点が東京都であり、東京都の合計特殊出生率は1・15で全国最小になっています。また、最も合計特殊出生率が高いのは、沖縄県であり、その数字は1・82になっています。東京都との違いは実に0・67になります。

点線は回帰直線で、簡単に言うと、点がどのような傾向で散らばっているのかを表しています。点線が右下がりになっているということは、人口の多い都道府県になるほど合計特殊出生率が低くなることを意味しています。つまり、東京一極集中のように人口が多い都道府県に人口が集中すると、少子化が確かに進むことを意味しているのです。

このような合計特殊出生率の低下はなぜ起こったのでしょうか。本章では、まず少子化の原因を考えてみましょう。その上で、なぜ人口が多い都道府県では合計特殊出生率が小さくなるのかを考えてみましょう。そうすることによって、東京一極集中と少子化の関連がわかってくると思います。

1　少子化の原因

子供を産み育てることは多くの親に大きな喜びをもたらしてくれます。しかし同時に、膨大な時間と莫大《ばくだい》なお金がかかります。子供の数はこの喜びと、時間、費用とのバランスで決まってくるのです。子供を持つことの喜びが、子育てにかかる時間と費用を上回れば親は子供の数を増やすでしょうし、子供を持つことの喜びよりも時間と費用が上回れば子供の数を減らすでしょう。

実は、少子化は日本を含めた全ての先進国が抱えている問題です。経済成長が進むと少子化も進んでいくのです。そのことを頭に入れた上で、少子化の原因をいくつか挙げていきたいと思います。

夫婦が子供の数を決める要因

1組の夫婦はどのように子供の数を決めているでしょうか。この節では、簡単な思考実験を使って、1組の夫婦が子供の数を決める方法を考えてみたいと思います。

子供を持ちたい、そしてその数を増やしたいと思う要因はいくつかあります。子供の存在が喜びを与えてくれること、老後の面倒を子供に見てもらうこと、もしくは貧しい国では子供が稼いでくるお金を当てにしていることもあるかもしれません。さまざまな要因が考えられますが、ここでは単純に子供の存在が喜びを与えてくれるからだと考えましょう。

子育てに時間も費用も掛からない場合、夫婦は子供の人数を無限大にするでしょう。しかし現実には多くの夫婦は子供の数を無限大にはしません。それは、子供を持ち、育てることには莫大な費用と膨大な時間が掛かるからです。出産は有料だし、子供の食費、被服費だってかかるようになります。保育園や幼稚園は有料だし、小、中、高校、大学と学費だってかかります。日本では養育費と教育費を足すと、子供1人当たり2000万円余りのお金がかかると言われています。

しかし、子供にかかる費用はこれだけではありません。0歳の赤ちゃんからは全く目が離せませんから、その期間には働くことも遊ぶことも満足にはできません。その後も食事の世話から、入浴の手伝い、遊び相手になることから睡眠までの読み聞かせまで、ありとあらゆることに時間がかかるようになります(もちろん、こういった育児には大きな楽しみもありますが)。成長した後も勉強や習い事の計画を立てたり、遠足の前には弁当を作ったりもします。

気を付けていただきたいのは、時間はいつだって有料だということです。それを理解するためには、第1章でも出てきた「機会費用」という概念を理解する必要があります。

何かをしている期間には、それをすることによってできなくなった活動があるはずです。たとえば、子育てに時間を投入すると、その期間に会社で働くことで得られたはずの賃金が犠牲になっています。たとえば、会社で働けば年間300万円得ることができる人が育児に専念すると、1年あたり300万円の機会費用を負担していることになるのです。

子供の人数を決める際には、子供を持つことの喜びと、機会費用も含めた子育てにかかる費用を比較することになります。この中で、子供を持つことの喜びの大きさは、時代や国にあまり左右されることはないと考えることができそうです。すると、時代や国によって子供の数が変化するのならば、他の要因が変化しているということになります。他の要因とは、「子育てにかかる金銭的な費用」、「子育ての機会費用」、「自分が持っている所得」の三つになります。

子育てにかかる金銭的な費用が下がれば子供の数を増やしますし、子育ての機会費用が下がれば子供の数を増やします。さらに、自分が持っている所得が増えると、やはり子供の数を増やします。ですから、少子化＝子供の数が減っているということは、子育てにかかる金銭的費用が増加しているか、子育ての機会費用が増加しているか、人々の所得が減っているかのいずれかが起こっていることになります。

子供にかける教育費

子供にかかる金銭的な費用の代表的なものは、子供の教育費です。日本を含めた先進国では時代を経るごとに子供の教育費用が高くなってきています。

経済成長とともに、人間が使う道具は複雑さを増してきました。石器時代には石を削ったり磨いたりして石器を作る技術と、それを使って狩猟採集を行うことができる知識と技術があればよかったのですが、農耕が始まると、植物を栽培するうえで必要な知識を学習する必要が出てきます。害虫、害獣に関する知識や、効率的に収穫する知識、天候に関する知識も必要になってくるでしょう。自給自足の経済から、物と物を市場で交換するようになると、必要な知識は激増します。馬を飼いならし、育てていく知識と経験、車輪を上手に作り、効率的に使うための知識が必要になりますし、交換するものの価値に関する知識も必要になっていきます。しかし、産業革命以前の社会では、こうした知識の多くは学校教育ではなく、家庭や共同体での生活の中で学んでいたのではないでしょうか。すると、必要な知識の増加は教育費用の高まりに結びつくことにはならず、少子化を導く要因にはならなかったことになります。

18世紀のイギリスで産業革命が始まった時、科学的な知識の必要性が増してきました。産業革命を可能にした機械の開発には科学的な知識が不可欠でしたし、それを改良するのにも科学的な知識が必要です。機械が故障したら修理することにも科学的な知識が必要でしょう。産業革命によって複雑な道具や機械を使って生産活動を行うようになると、それらの機械設備を使いこなすだけの科学的知識が必要になります。また、機械の導入によって規模が大きくなった企業で働く管理職の人々は、労働者を効率的に管理する必要が出てきます。大きな企業組織を効率的に管理運営するためにも科学的知識と思考が必要です。さらに、新しい製品を開発したり、製造工程を考えだしたりすることにも当然科学的知識が必要です。産業革命は科学的知識、科学的思考の重要性を高めたのです。

科学的知識、科学的思考の必要性が増してくるとともに、学校教育の重要性が高まってきます。科学的知識、科学的思考は、専門的知識に裏打ちされた教師による組織だった教育によって育成する必要があるからです。学校教育が必要になってくると、子供の教育費用が高くなってきます。産業革命以降の科学的知識と科学的思考の重要性の高まりは、教育費用を高くしたのです。

現代の先進国では、高い賃金を得るためには多くの知識が必要です。医師になるためには大学で6年間医学を学ぶ必要がありますし、弁護士になるためには大学に4年間通った上で、ロースクールに2年間行く必要がある場合もあります。シリコンバレーで新しいソフトウェアを開発する技術者の多くは、大学院の修士課程以上を修了しています。今後増えると思われるデータサイエンティストは、大学院修士課程以上を修了しなければ、必要なスキルは身につかないでしょう。

社会が発展し、生産に使う技術が複雑性を増して行くたびに、高い賃金を得るために必要とされる知識の量が増えていくのです。むしろ、知識を身に着けることで高い賃金を得ることが可能になるように、社会が変化してきたのです。

このような社会の変化とともに、子供の教育費用は高くなってきました。これは子育ての金銭的な費用の増加につながり、子供の人数を減らすことになるのです。多くの先進国で子供の数が減っていることの一つの要因が教育費用の高まりにありそうです。

賃金水準の上昇

産業革命がもたらしたもう一つの大きな変化は、労働者の賃金水準の上昇です。生産活動への大規模な機械の導入と継続的な技術の進歩、さらには人的資本の蓄積は全て労働者の賃金を上昇させました。人々の賃金の上昇は、子供の人数に二つの面から影響を与えます。一つは、子育ての機会費用、もう一つは所得の上昇です。

賃金が上昇すると、子育ての機会費用は高くなります。子育てに専念することで失う賃金の額が高くなるからです。賃金が高い人は、それを手に入れる機会を犠牲にしてまで多くの子供を持つことはしないでしょう。その意味で賃金の上昇は子供の数を減らします。

一方で、賃金の上昇は、所得の上昇に結び付きます。たくさんのお金を持っている人は、子育てにかかる金銭的費用のことをあまり気にしないで多くの子供を持つことが可能でしょう。このように考えると、賃金の上昇は子供の人数を増やします。賃金の上昇は子供の数を増やすのか減らすのかは、どちらの効果が強いのかに依存します。
賃金水準の上昇が日本の出生率を減らしたのか増やしたのか、確かなことはわかっていません。整備されたデータを使って、実証研究を行われることが待たれます。

女性の賃金水準の上昇

男性と女性の労働を脳の性能と筋肉の量の観点で考えてみましょう。脳の性能、つまり脳の生産性は男性と女性で大きな違いはありません。しかし、筋肉の生産性は男性と女性の間で異なります。つまり、男女間の労働を見た場合、脳の生産性は平均的には変わらないのですが、筋肉の生産性は、平均的に男性労働者の方が高いということになります。仕事で求められる能力の多くが筋力である場合、男性の方が労働生産性が高く、賃金も高いでしょう。しかし、仕事で求められる能力の多くが脳の働きによるものである場合、男性と女性の間で労働生産性に違いはなくなります。この場合、男性と女性の間で賃金水準に差はなくなるでしょう。

この考え方を前提に、夫婦間の役割分担を考えましょう。夫婦間で必要な仕事は2種類あるとします。一つは外に出て働き、賃金を獲得してくること、もう一つは、家庭内で子供を育てることです。子育ての能力において男女間に違いはないとしましょう。つまり、男性と女性は同じ人数の子供を育てるためには（食事を作ったり、おむつを替えたり、着替えさせたりすること）には、同じだけの時間を必要とするということです。

この前提に疑問を持つ人もいるかもしれません。つまり、育児能力は女性の方が高いのではないかということです。しかし、育児能力において女性の方が生まれながらに高いという確かな証拠はありません。また、仮に女性の方が先天的に育児能力が高いとしても、以下の議論の主な点は変わりません。このような状況において、夫婦はどのように役割分担をするでしょうか。

ここでも重要なのは、機会費用の考え方です。社会に出て働く場合、筋肉が主要な働きをする場合、男性の方が高い賃金を獲得できます。この場合、女性が家庭内で子育てに専念することが夫婦にとって合理的です。

男性が子育てをすることの機会費用は、男性が外で働いて獲得する賃金、女性が育児をすることの機会費用は、女性が外で働いて獲得する賃金です。この場合、男性が子育てをすることの機会費用は、女性が子育てをすることの機会費用よりも高くなります。したがって、男性は与えられた時間の全てを使って外で働き、女性は与えられた時間の全てを使って子育てをすることになります。

しかし、生産活動において主要な働きをするのが脳である場合、男性と女性の間で賃金に差はなくなります。この場合、男性と女性は子育てを分担することになるでしょう。外で獲得する賃金が等しい場合、どちらか片方が子育てに専念する理由はなくなります。

つまり、生産活動で使われている技術が主に筋肉を必要としているか、それとも主に脳を必要としているかによって、子育てをどのように行うのかの形が変化するのです。

産業革命以前の長い時代、生産活動おいては、筋肉の働きが重要でした。素早く走ったり、物を鋭く速く投げたりすることが必要な狩猟では高い性能の筋肉が必要です。狩猟採集社会の後に実現した農耕社会においても、荒れた土地を開墾したり、畑を耕したりする活動には筋肉の力が求められます。現代のように農作業の機械化は進んでいなかったでしょうから、多くの農作業は肉体作業です。肉体作業では脳よりも筋肉が相対的に重要になります。もちろん、脳を使わないという意味ではありません。現代のコンピューターを使った事務作業では筋肉の力をほとんど使っていないでしょうから、そういった作業と比較すると、脳よりも筋肉の重要性が高いと言っているのです。

産業革命以来、世の中で求められる労働は、筋肉が重要な活動から脳の働きが重要な活動に移ってきています。機械が生産過程に導入されるようになって以来、力仕事の比重は減り、頭脳労働の比重が高まってきたのです。農業において、硬い地面を耕す作業に鍬《くわ》が導入されると、筋肉の必要性が減ります。さらにトラクターが導入されるようになると、もはや大きな筋肉の必要性がありません。

しかし、この過程で脳の活動の必要性は大きくは変化していません。すると、性能の良い筋肉を備えた男性労働者だけではなく、女性労働者でも農作業をこなせるようになります。機械の導入は、男性労働者の筋肉労働に対する希少性を減らすのです。これは、農業だけにとどまりません。工業、サービス業、あらゆる局面で、筋肉労働の重要性は機械やコンピューターの導入によって低下しています。それに対し、機械の導入によって科学的知識が不可欠になり、脳の重要性が高くなっています。

まとめると、筋肉労働の重要性が減り、頭脳労働の重要性が高まることで、男性労働者と比較した女性労働者の相対的価値が高まってきたのです。男性労働者と比較した女性労働者の相対的賃金が平均的には上昇し、男女間の賃金格差が減少しました。

技術の進歩によって脳の役割が増えたのと同時に、人々が働く産業にも変化が生じています。日本を含めた先進国では、最も多くの人々が働いている産業が農業→工業→サービス業のように変化してきました。このような変化も頭脳労働の重要性を高めています。それほど肉体的な力を必要とはせず、頭脳を使って働く範囲が広くなればなるほど、男女間の賃金格差は小さくなっていくでしょう。

この過程で、子育ての形は変化を遂げていくはずです。男女間の賃金格差の縮小は、子育てを、女性が専念する活動から、男女間で分担して行う活動へと変化させていきます。女性が子育てに専念していた時代には、労働生産性の向上による賃金の上昇は、家庭の所得の上昇に結びつきましたが、子育ての機会費用の上昇にはつながりませんでした。子育ては女性のみが行い、女性は外で働いていないからです。この場合、賃金の上昇は所得の上昇を通じて、子供の数の増加に結びつきました。しかし、生産活動に脳の性能が重要な役割を果たすようになると、様子が異なってきます。女性の相対的な賃金が上昇し、子育てを男女で分担して行うようになり、女性の社会進出が始まったからです。

この局面において、女性労働者の賃金の上昇は出生率にどのような影響を与えるでしょうか。女性労働者の賃金の上昇は、子育ての機会費用の上昇につながるので出生率の低下につながるというのが一般的な結論であるように思います。しかし、この点は自明ではありません。女性の賃金の上昇が子育ての機会費用の上昇につながる可能性はありますが、同時に家計の所得の上昇にもつながります。賃金が上昇した女性は、子育て期間に賃金をもらえなくなることを嫌って、子供の数を減らす可能性は確かにあります。しかし、女性が多くの賃金を稼ぐようになった夫婦は、家計の所得が増えているため、子供の人数を増やす可能性もあります。

経済学者のオデッド・ガロアとデイヴィッド・N・ワイルは、経済成長の過程での資本蓄積、女性の賃金の上昇、そして少子化との関連を分析しました。彼らの研究では、資本蓄積が起こると、上記のように頭脳労働に比較優位を持つ女性の賃金が上昇し、子供を育てる機会費用の上昇を通じて子供の数が減ることが示されました。子供の数が減ると将来の労働人口が減るので、労働者1人当たりが使える機械設備の量が増加し、女性労働者の賃金がさらに上昇します。このように、経済発展の初期で上手《うま》く資本蓄積が始まれば、女性の賃金の上昇と少子化を通じ、継続的な資本蓄積と賃金の上昇が始まり、経済成長が順調に進みます。しかし、初期の資本蓄積に失敗すると、女性賃金の上昇が起こらず、少子化も起こりません。人口が減少しないので1人当たりが使える機械設備の量も増えず、賃金の継続的な上昇も起こりません。すなわち、出生率は高止まりしたままで、経済成長が起こらないのです。

ガロアとワイルの研究は経済発展の過程で少子化が起こる理由、さらに世界には少子化が進んだ先進国と、出生率が高いままの発展途上国が混在することの理由を鮮やかに説明しました。この論文では、経済成長の過程で、女性の賃金の上昇が出生率の低下につながることが示されています。しかし、このことは、現在の先進国で女性の賃金の上昇が少子化に結び付くことは意味していません。この点に関しては、今後も検証が必要でしょう。

消費財の多様性と子供の数

経済成長によって、人々が消費できる財の種類は、大きく増えました。

1975年生まれの筆者が子供の頃、パソコンは一般的な家庭ではほとんど見ませんでした。もちろん、インターネットも電子メールも使われておらず、新聞や雑誌、そしてテレビで社会の情報を収集し、離れた人と連絡を取り合う手段は電話と手紙が中心でした。

ビデオの普及も進んでおらず（現在ではVHSのようなカセットテープはすでに使われなくなり、テレビに内蔵されたハードディスクによって録画がされるようになっています。まさに隔世の感があります）、携帯電話が一般的に使われるようになったのは、20歳を超えてからです。Windows 95の開発と普及により、インターネットと電子メールが普及し、情報収集の手段がインターネットに、連絡を取り合う手段の中心は電子メールになりました。

iPhoneが登場してスマートフォンを使えるようになったのは30歳を超えてからです。スマートフォンの登場は、移動しながら手軽に携帯できる電話が増えただけではなく、さまざまな機能を消費することを可能にしました。スマートフォンによってどこでもゲームができますし、動画を見ることもできます。スマートフォンは持ち運べる正確な地図にもなりますし、わからないことを検索もできます。これら全てが消費財であると考えると、スマートフォンという一つの物の登場は多くの消費財を生み出したことになります。

わずか40年余りの間に、これまではこの世に存在しなかった多くの消費財が登場してきたのです。このように、今まではなかった製品がこの世に登場するのは技術の進歩によるものであり、技術の進歩こそが経済成長の原動力になってきました。エジソンは蓄音機や電灯を発明して人々が消費する財の種類を増やしました。これと同じように、スティーブ・ジョブズはiPhoneを生み出すことにより、人々が消費する財の種類を大きく増やしたのです。この節では、消費できる財の種類が増えることによって、人々の行動、特に子供の数を決める行動がどのように変化するかについて、考えてみましょう。

おこづかいとして5000円のお金を持っているとします。お金の持ち主は、昼食を食べることと、趣味に使う資金を5000円で賄《まかな》っています。学校の近くに昼食を提供するレストランの数が増えた場合、どのように行動が変化するでしょうか。一般的には、昼食の選択肢が増えることになります。昼食の選択肢がおにぎりとサンドイッチしかない状態から、カップラーメン、たこ焼きが選択肢に加わると、昼食の楽しみが増えることでしょう。すると、この人は趣味に割いていた予算を減らして、昼食に使う予算にまわすことでしょう。なぜこのような行動の変化が起きるのかというと、昼食に使うお金の価値が上がったからです。毎日500円を昼食に使っていても、選択肢が増えると、500円から感じることのできる満足感が増えるのです。人々は、高い満足感が得られる活動には、多くの予算を割くようになります。この場合は、趣味と比較して、昼食から感じ取れる満足感が上がったので、昼食に割く予算が増えるのです。

一般的に、消費できる財の種類が増えると、財の消費から得られる満足感が高くなります。したがって、人々はより多くの予算を財の消費に回すようになります。このことを頭に入れた上で、経済成長が進むと、子供の数がどのように変化するかを考えてみましょう。

子供を持つことと消費活動を天秤にかける

考えなくてはいけないのは、以下のような状況です。人々が持っているものは一定の時間です。たとえば、1日なら24時間の時間があります。この時間の振り分け方を考えます。会社に出勤し、働くことに使うと賃金がもらえ、所得が増えます。所得が増えると消費活動を楽しめるようになります。人々は、自分が持つ子供の数も決めます。子供を持つと、そのことから喜びを得ることができます。しかし、子育てには時間がかかります。子供の数が増えれば増えるほど、多くの時間を子育てに費やさなくてはなりません。すると、犠牲になるのは働く時間です。働く時間が短くなると、手にする賃金の額が減ります。その結果、消費活動から得られる満足感が犠牲になるのです。つまり、人々は子供を持つことからの喜びと、消費活動から得られる満足感を天秤《てんびん》にかけているのです。

こうした前提のある世界で経済成長が起こると、人々が消費可能な財の種類が増えます。経済成長が進んでも、子供を持つことから得られる喜びが変化するようには思えません。一方、経済成長の結果、消費できる財の種類が大幅に増えたことで消費活動から得られる満足感は大きく上昇します。すると、人々は、より多くの消費活動を楽しむために、より長い時間働こうと考えるようになります。なぜなら、子供を持つことから得られる喜びは経済成長によって変化していないのにもかかわらず、たくさんの種類の消費財を楽しめるようになった結果、お金から得られる満足感が増えたからです。

経済成長の過程で多くの種類の製品やサービスが開発され、消費することができる財の種類が増えると、手にすることのできるお金の価値が上がるのです。すると、人々はより多くのお金を手にするために、より長い労働時間を求めるようになり、育てることのできる子供の数は減るのです。経済学者の丸山亜希子と私の研究は、経済成長に伴う消費財の多様性の増加により、少子化が進むことを明らかにしました。

出生率の低下の一因として、晩婚化、非婚化が挙げられることもあります。図4-3と図4-4は2020年の国勢調査をもとにそれぞれ日本の男性と女性の年齢別未婚率の推移を表しています。1920年から時代を経るごとに両方の性別で25~39歳の人々の未婚率が上がっていることが確認できます。この図は、晩婚化、非婚化が確実に進んでいることを表していますが、少子化の場合と同じようなメカニズムで経済成長によっ

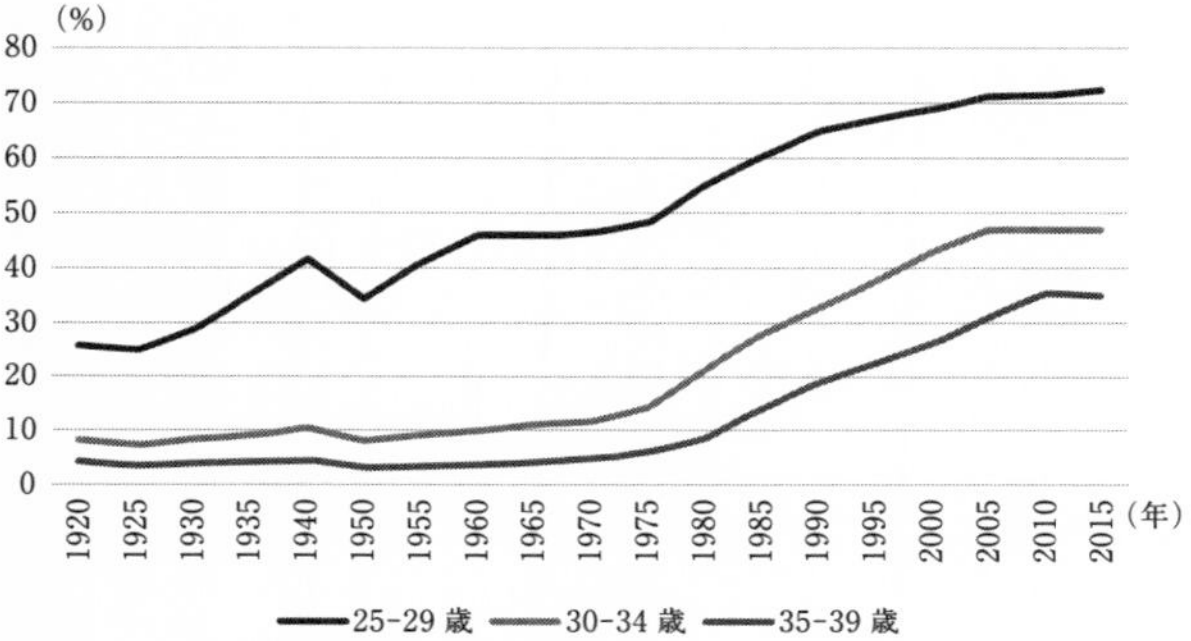

図 4-3　日本の男性の未婚率の推移

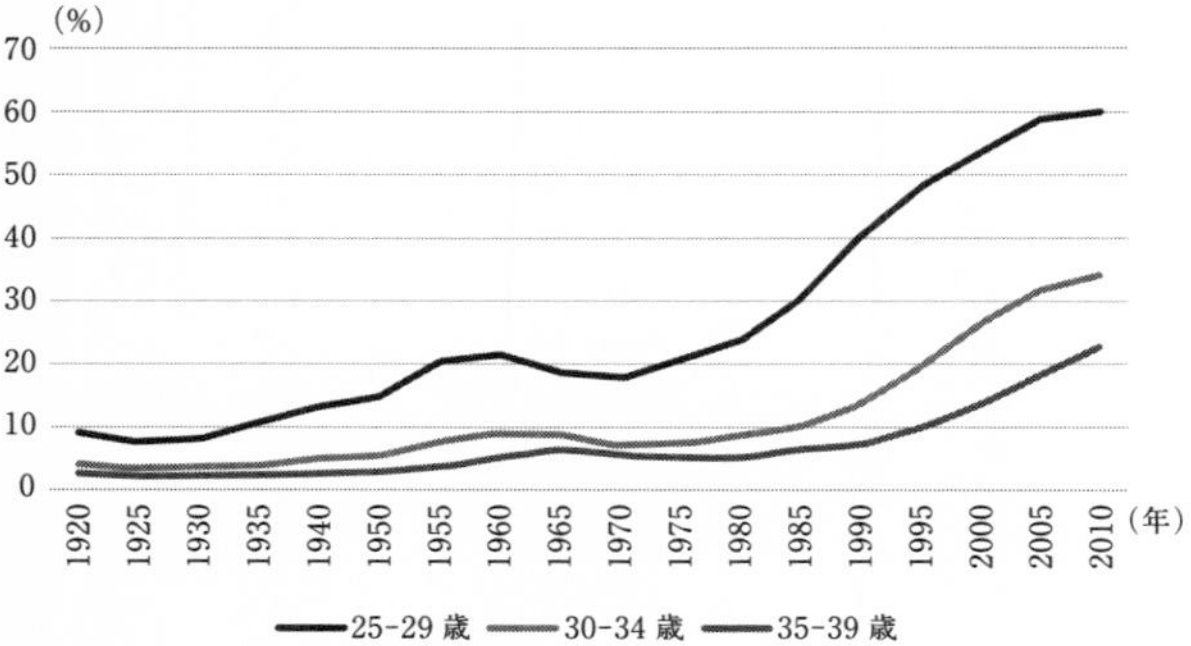

図 4-4　日本の女性の未婚率の推移

て晩婚化、非婚化が進むことも説明できます。

結婚によって仕事をできる時間が減るような（たとえば家事労働時間が増える）場合を考えてみましょう。日本の場合は、特に女性は結婚によって家事負担の時間が増加すると考えられます。家事労働時間には賃金が発生しません。そして、家事労働時間が増えるにしたがって、賃金を稼げる会社等での労働時間が減ります。すなわち、家事労働時間が増えるにしたがって稼げる所得は減るのです。結婚で手に入るもの（たとえば自分の好きな人と一緒に過ごせる時間が増える）の価値は経済成長によって変化することがなく、消費活動の楽しみは、消費できる財の種類が増えることを通じて高まります。すると、（特に女性は）結婚を減らして（結婚するタイミングを遅らせて）労働時間を長くし、消費活動を楽しむための所得を増やそうとするでしょう。

日本では、多くの子供は、結婚した夫婦の間に生まれるので、結婚が減ると、子供の数も減ることが予想されます。経済成長の結果、結婚を減らして消費活動を楽しむ所得を増やし、結果として子供の数が減る可能性もあるのです。

2　都市部で出生率が低くなる原因

産業革命から始まる経済成長を経験したほぼ全ての先進国において、出生率が低下しています。この章の最初で紹介したように、日本では人口の多い都市部になればなるほど出生率が低くなる傾向にありますが、このような傾向は、世界各国で共通して観察されます。都市部の出生率が低いことは、東京一極集中の加速とともに、少子化も加速することを意味しています。したがって、都市部で出生率が低くなる要因を理解することは、日本の少子化の要因の一つを理解することにつながります。この節では、経済活動が集中する都市部で出生率が低くなる原因を考えてみましょう。

都市の生活費と出生率

都市には多くの企業があつまり、たくさんの人々が住んでいます。その結果、都市の生活費はさまざまな意味で高くなっています。たとえば、東京のような大都市では家賃が大変高くなっています。一般に、供給に対して需要が多ければ、その財の価格は上がります。オークションサイトを利用したことがある人ならわかるように、ある物の値段は、買いたいと思う人の人数が多いと上がるのです。

大都市では、与えられた土地当たりに住みたいと考えている人の人数が多くなります。すると、土地の値段が上がります。値段の高い土地に建てられた住宅、マンション、アパートの値段は当然高くなります。マンションやアパートが賃貸に出された場合においても、支払われる家賃で土地代や建物の建設費を回収しなくてはならないので、当然家賃が高くなります。つまり、大都市に住む場合、高い住居費を負担しなくてはならないことになります。さらに、土地代が高いため、それを負担して店舗を経営しているスーパーマーケットが売る商品、レストランが提供する外食等、生活に費用なものの価格が軒並み高くなります。住居費に加え、全ての商品が高い傾向にあるため、大都市では生活費が高くなります。

このような大都市の高い生活費は子供の人数にどのような影響を与えるでしょうか。生活費が高くなることは、持っている所得の価値が目減りしてしまうことを意味します。1か月の賃金が30万円だとしても、家賃が5万円、食費に5万円という地方都市での生活と比較すると、家賃15万円、食費に7万円かかる東京での生活では、子供の人数が減ってしまうことは容易に想像がつくでしょう。つまり、大都市の高い生活費は子供の人数を減らす効果があるのです。

第2章で見たように、大都市ではさまざまなタイプの集積の経済が働くことにより、労働生産性が高くなります。労働生産性が高くなると、賃金水準も高くなります。賃金が高くなると、持ちたい子供の人数が変化します。賃金が高くなると、子供を育てることの機会費用が高くなり、働く時間を削って子育てをするインセンティブが減ります。しかし、同時に賃金が高くなることは夫婦の所得が増えることを意味します。所得の高い夫婦は、たとえお金がかかってもより多くの子供が欲しいと考えるでしょう。賃金が高くなることには、子育ての機会費用を増やして子供の人数を減らす効果と、所得を上げて子供の人数を増やす効果の両方があるのです。

まとめると、大都市に住むと、①生活費が上がる、②賃金が上がることで子供を育てることの機会費用が上がる、③賃金が上がることで所得が上がる、以上の三つの効果が子供の人数に影響を与えます。①と②の効果は子供の人数を減らしますが、③の効果は

①生活費が上がる ②賃金が上がることで子供を育てることの機会費用が上がる	子供の人数を減らす
③賃金が上がることで所得が上がる	子供の人数を増やす

①と②の効果の合計は③の効果の合計を上回る

子供の人数を増やします。

筆者と経済学者の佐藤泰裕の研究によると、①と②の効果の合計は③の合計を上回り、農村や地方都市に住む場合と比較すると、大都市に住むことで子供の人数は減ってしまうのです。つまり、大都市の出生率は低く、人々の大都市圏への移住は、大都市圏での生活費が高いこと、子育ての機会費用が高いことを通じて、子供の数を減らすのです。

多種多様な消費財が大都市の子供の数を減らす

157ページで、経済成長がもたらす、消費できる財の種類の増加が子供の数を減らすことを示しました。この効果は、大都市でこそ強く働きます。大都市には多くの企業が集積し、たくさんの種類の消費財が売られています。東京にはたくさんのレストランがあり、地方都市ではあまり見かけないような国の料理を提供するレストランもあります。また、圧倒的に多くのアパレルブランドが店舗を構え、さまざまな種類の洋服を買うことも可能です。こういった多種多様な消費財は、大都市で暮らす際の所得の価値を上げます。大都市では多くの種類の財があるので、同じ所得でも得られる満足感が高いのです。

すると、大都市に住む労働者は子供の人数を減らして、会社での労働供給の時間を増やすことになります。すなわち、たくさんの種類の消費財を消費することが可能な大都市では、農村や地方都市と比べると、子育てにかける時間を減らすために子供の数を減らす傾向が強くなることがわかります。

さらに、この傾向は財が地域間を移動する際の輸送費用や、人々が地域間を移動する際の移動費用が減ったりすると、強められます。第2章の議論を思い出して下さい。財の輸送費用や人の移動費用が減ると、多くの企業が一つの地域に集積する傾向が強まります。輸送費用と移動費用が減れば減るほど、多くの企業が一つの地域に集まります。多くの企業が集まる地域では、それら企業が生産する多種多様な消費財の消費が可能になります。すなわち、その地域の生活水準が上がるのです。

このような地域へはますます多くの消費者＝労働者が集まってくることでしょう。多くの企業が集まる地域では集積の経済によって高い賃金を稼ぐことができますし、何よりも多種多様な財の消費を楽しむことができます。こういったメカニズムにより、輸送費用と移動費用の低下は、企業と人々の東京一極集中を進め、その過程で少子化が進んでいくのです。

大都市で高くなる教育費

一般に大都市では農村や地方都市よりも1人当たり多くの教育費が使われています。文部科学省の令和元年度学校基本調査によって都道府県別の大学進学率を調べると、2019年に最も大学進学率が高かったのは京都府の65・87％で、最も低かったのが沖縄県の40・19％でした。図4-5に描かれた回帰直線を見ると、右上がりになっており、人口の多い都道府県で進学率が高くなる傾向が見て取れます。個別には、京都府、東京都、兵庫県、神奈川県等の東京圏、関西圏の大都市圏で進学率が高く、沖縄県、山口県、鹿児島県、鳥取県などの地方で低いのです。

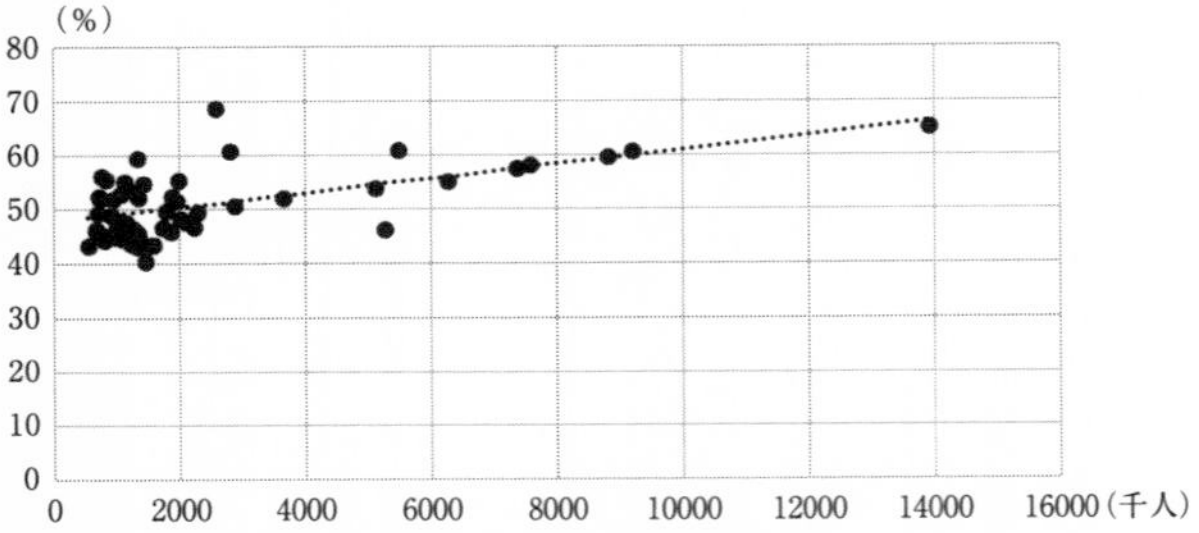

図4-5　都道府県の人口と進学率（2019年）

さらに、大都市圏では、多くの子供が多種多様な習い事をしていますし、小さな頃から塾に通うことが普通であるのに対し、農村や地方都市では、可能な習い事の種類も少なく、塾の数も少ない傾向があります。大学進学率が高いことは、大都市地域の方が子供1人当たりに多くの教育費をかけていることを示しています。習い事の種類が多いことや、塾の数が多いことは、それらのサービスの消費からより多くの満足感を得ることを可能にします。習い事として書道しか選べない場合よりも、書道もピアノも英語もスイミングも選べる場合の方が、習い事から得られる満足感が高いでしょう。そして、そういう場合のほうが習い事に多くのお金をかけるのです。このようにして、大都市では、子供の教育に多くの費用が掛かります。

前節では経済成長とともに、子供の教育費が高くなり、夫婦が選ぶ子供の人数が減っていくことを見てきました。このメカニズムは、大都市でより強く働くのです。大都市では子供の人数を絞り込んで、1人1人に高い教育費をかける傾向にあるのです。

都市と地方における女性の賃金格差

図4-6は厚生労働省の賃金構造基本調査（令和元年度）をもとに都道府県別に、平均賃金と人口の関係を描いたものです。平均賃金が最も高いのは東京都であり、379万円です。最も平均賃金が低いのが沖縄県であり、251・3万円になり、1位の東京都との差は実に127・7万円にもなります。図に描かれた回帰直線は右上がりになっています。つまり、人口の多い都道府県ほど、平均賃金も高くなる傾向があることを示しています。これは第2章で見た集積の経済が働いていて、人口が集中している場所で労働生産性が高くなり、賃金が高くなっていることを示していると言えそうです。

賃金の上昇は、子育ての機会費用が上がることと、所得が上がることの二つを通じて夫婦が持つ子供の数に影響を与えます。子育ての機会費用の上昇は子供の数を減らし、

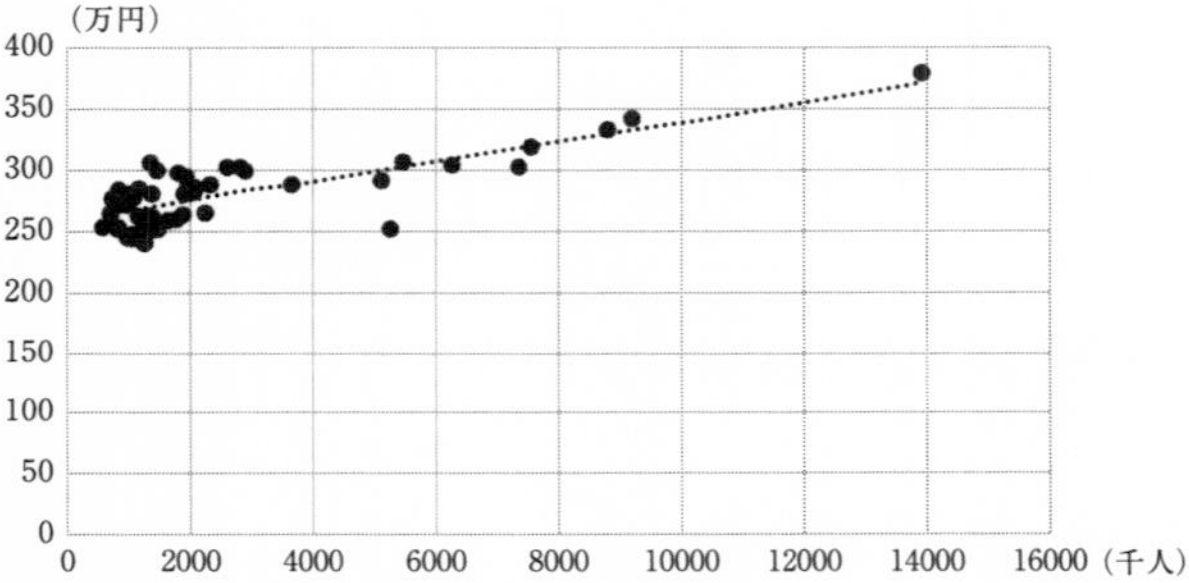

図 4-6　都道府県の人口と平均賃金

所得の上昇は子供の数を増やす効果があります。これら二つの相反する影響をもたらすため、賃金の上昇が子育てにどのような影響を与えるのか、一概には言えません。日本の都道府県では人口が多い都道府県ほど合計特殊出生率が低くなる傾向がありました（図4-2）。そのことを考えると、平均賃金の上昇は子育ての機会費用が上がることを通じて子供の数を減らしていると言えるのかもしれません。

図4-7、4-8は厚生労働省の賃金構造基本統計調査（令和元年度）をもとに、それぞれ都道府県別の男性の平均賃金、女性の平均賃金を描いています。男性においても、女性においても、人口の多い都道府県の方が平均賃金が高いことを示しています。男女両方の性別において集積の経済が働き、大都市で働いた方が

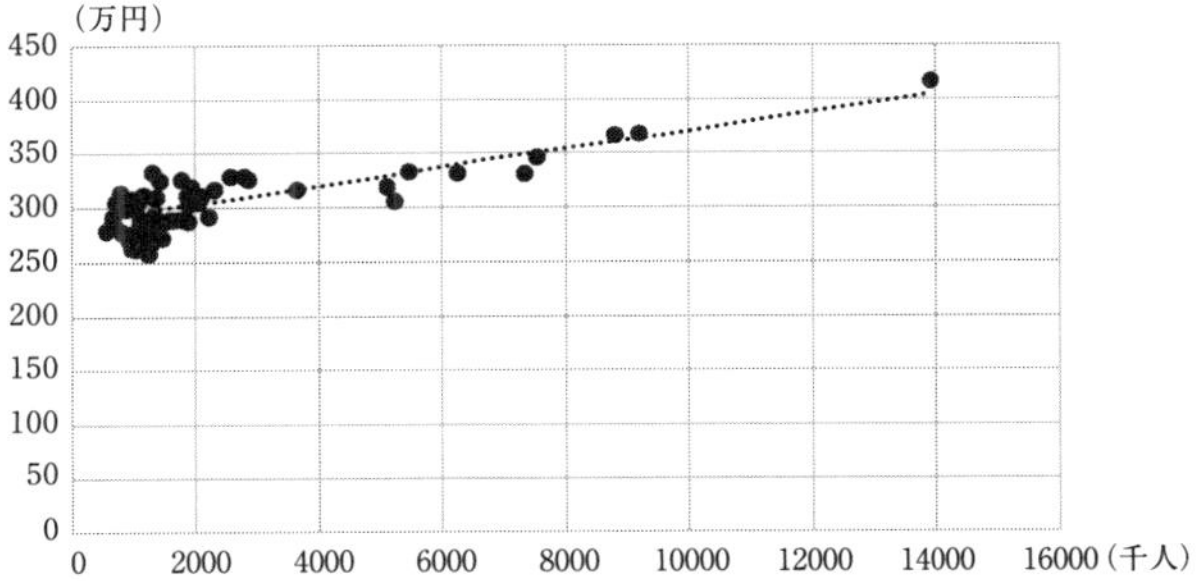

図 4-7　都道府県人口別の男性の平均賃金

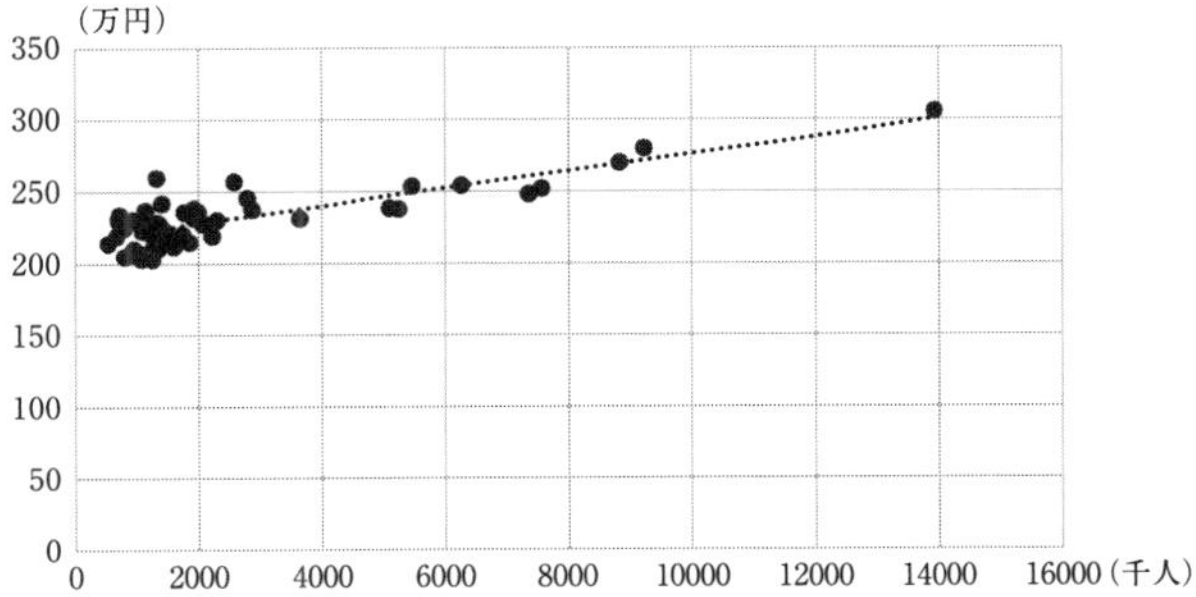

図 4-8　都道府県人口別の女性の平均賃金

高い賃金が得られているのですが、平均賃金の上昇は、所得の上昇に結びつくと同時に、子育ての機会費用も上昇させるため、これだけでは男女の賃金水準の上昇が子供の数に与える影響は分かりません。

男性と女性のどちらが子育ての時間を多く負担するかを決める一つの要因は、男女の相対賃金です。賃金が高い場合には、子育てに時間を使うと労働で得られる賃金を犠牲にすることになります。そのため、相対賃金の低い方が子育てに長い時間をかけ、中心的な役割を果たすことになります。

図4-9は厚生労働省の賃金構造基本統計調査（令和元年度）をもとに女性の相対賃金（対男性）と人口の関係を描いています。女性の相対賃金が最も高いのは沖縄県の81・05％であり、最も低いのは山梨県の72・59％になります。回帰直線は右下がりになっています。つまり、人口の多い都道府県ほど、男女間の賃金格差が大きい傾向にあることを示しています。

このデータは、一般の印象とは異なる結果を示しているかもしれません。一般的には、東京のような大都市の方が、男女間の賃金格差が小さいような印象があります。しかし、

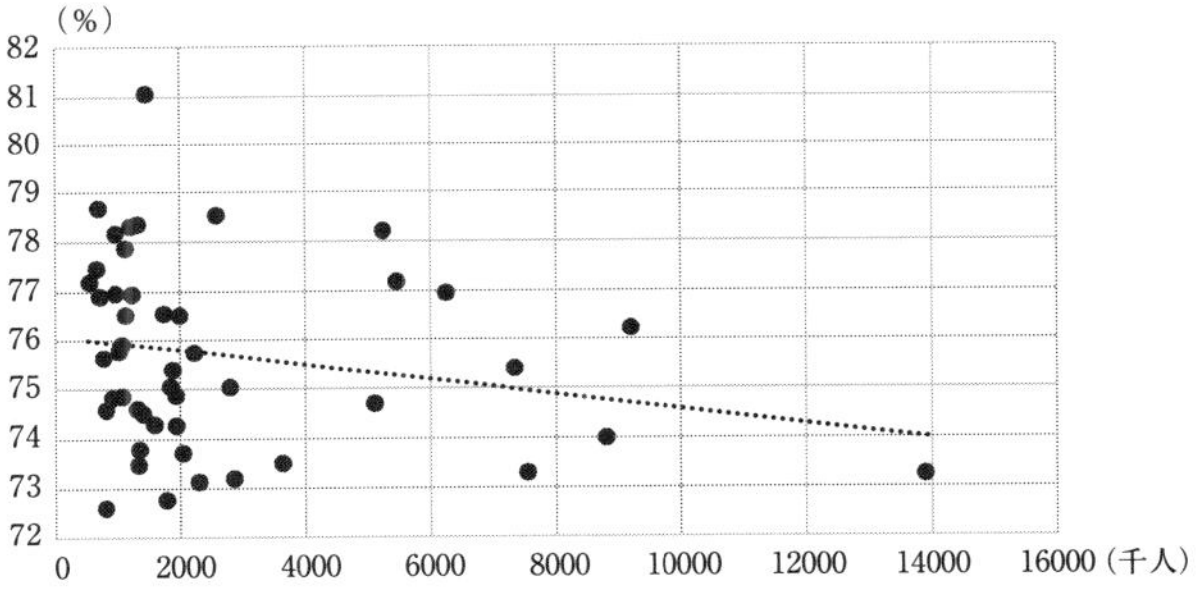

図 4-9　都道府県人口別の女性の相対賃金

この図4－9が示すのは、多くの人が農業や工業で働く人口の少ない都道府県よりも、サービス産業が中心の人口の多い都道府県において、男女間賃金格差が大きくなっているということです。農業や工業と比べると、企業の本社機能や金融部門などは、脳の性能が活躍する割合が大きいように思われます。したがって、大都市圏に行くと男女間の賃金格差が大きくなるというのは意外な結果のように思われます。

このような傾向にはさまざまな原因が考えられますが、男女間の大学進学率の違いにヒントがあるように思われます。文部科学省によると、2019年の4年制大学進学率は、男性56・6％に対し、女性は50・7％です。大企業の本社機能や、金融部門のような産業では、脳機能が大きな役割を果たしますが、その中でも専門知識の果たす役割がとても大きいのです。専門知識が必要な部門で働いている労働者では、4年制大学を卒業した人の割合が高くなります。そのため、大都市圏のサービス産業では、地方と比べると4年生大学を卒業した人々が中心的な役割を果たしており、そのために男性労働者の比率が高くなるのです（そもそも、4年生大学への進学率が男性の方が高いというのが国際的には奇異な現象です。先進国では、女性の大学進学率の方が高いことの方が一般的です）。

以上の議論をまとめます。日本では、4年生大学の進学率が男性の方が高く、大都市圏では専門的知識を備えた労働者が大企業の本社機能や金融部門で大きな役割を果たしています。そのため、大都市圏では男女間賃金格差が大きくなります。このことが子供の数に与える影響は明確です。男女間の賃金格差が大きい大都市圏では、子育ての機会費用の高い男性が子育てに参加する時間が短くなり、相対的に子育ての機会費用の低い女性は多くの時間を子育てに費やすことになります。しかし、大都市圏では女性の賃金も高いことを思い出してください。このことは、子育ての機会費用が大都市圏では非常に高くなることを意味しています。大都市圏に住む夫婦は、子育ての機会費用が非常に高いため、子供の数を減らそうとします。

また、大都市圏の女性は、結婚後の家事負担時間の増加を予想し、結婚を遅らせることも考えられます。大都市圏は地方と比べると女性の賃金が高いので、女性の家事時間の機会費用は高いのです。しかし、男女間賃金格差が大きいため、結婚後の家事負担は女性が一方的に大きくなることが予想されます。この結果、大都市圏の女性は結婚を減らす、(遅らせる) ことで、自らの所得の減少を避けようとするのです。すると、大都市圏の出生率はさらに減ることになります。

地方では男女両方の賃金が大都市圏ほど高くありませんが、このことは子育ての機会費用が高くないことを意味します。また、地方では、男女間の賃金格差も大都市圏ほど大きくありません。したがって、地方では子育て時間も分担することが多くなります。このことは、多くの女性が外に働きに出ることを意味しています。結果的に、地方の出生率は大都市圏と比べると高くなるのです。

大都市の方が出生率が低くなることとの原因については、実際のデータを使った分析が不足しており、まだまだはっきりしたことはわかっていません。今後、継続的な研究が行われることを期待しています。

第5章　情報通信技術の発達がもたらすもの

２０２０年からのコロナ禍で、日本の企業でもリモートワークやテレワークが普及したと言われています。リモートワークが普及し、東京をはじめとした大都市から地方への移住が進むだろうとの意見も聞かれます。また、テレワークの普及により、大都市中心部から郊外への移住が進んでいくだろうとの声もあります。実際に、人材派遣会社大手のパソナグループは、２０２０年秋に本社機能の一部を東京都から、兵庫県の淡路島に移すことを発表しました。

こういった意見の背景には、１９９０年代以降のインターネットのようなＩＣＴ（Information and Technology：情報通信技術）の普及、および最近のZoomのようなオンライン会議ツールの発展があります。インターネットの発展、普及とそれに伴う電子メールの普及は、人々の情報のやり取りの方法を一変させました。

インターネットの発展、普及によって、人々はテレビや新聞などのマスコミを通さなくても多くの情報を集めることができるようになりました。また、電子メールの普及により、遠隔地に住む人とのやり取りに手紙を出す必要がなくなりました。筆者が大学院に入学した1990年代後半、論文に関する意見のやり取りは手紙で行われていました。アメリカの研究者との議論には数か月単位の時間をかけていたのですが、電子メールが普及し始めると、手紙のやり取りはあっという間に駆逐されました。2000年代前半には全てのやり取りが電子メールでなされるようになり、議論のスピードは格段に上がりました。また、電子メールは電話の役割も部分的には代替しています。直接話さなくても伝わる、もしくは直接話す必要がないような内容の情報の伝達は、電子メールで行われることが増えました。

Zoomのようなオンライン会議の技術の発展は、人々が直接会わなくても意見のやり取りを行うことを可能にしました。実際、筆者の職場である大学でも全員が集まって行う会議の機会は減りました。紙媒体で提出されてきた資料やレポートも電子メール等の電子媒体でやり取りされるようになってきました。コロナ禍の下、オンライン講義が導入され、自宅で講義を行うようになりましたし、学生も自宅から講義に参加するようになりました。つまり、ＩＣＴの発展がリモートワークを可能にし、結果として大学外で業務を行う機会が増えたのです。このような動きは大学だけではなく、さまざまな業種で進んでいることでしょう。その結果、多くの業種で人々が直接会わず、職場でなくとも可能な業務が増えたであろうことは容易に想像がつきます。

ＩＣＴの発達によって人々は職場に出勤する必要がなくなるのでしょうか。大学の授業はオンライン化が進み、教師や学生は教室に行く必要がなくなるのでしょうか。この疑問に答えるためには、人々が職場に集まると何が起こるのか、教室で授業が行われると何が起こるのかを理解しなくてはなりません。また、ＩＣＴの発達によって、多くの職場が集まる大都市は解体され、人々は郊外や地方に移住するようになるのでしょうか。この疑問に答えるためには、大都市に多くの企業が集まる、さらにそこに人々が集まる理由を理解しなくてはなりません。この章では、ＩＣＴの発達と、それが都市の未来に与える影響について考えてみましょう。

1　都市における知識やアイデアのやり取り

大都市の重要な機能の一つは人々が直接出会う機会を数多く設け、知識やアイデアの受け渡しを容易にすることです（face to face communication）。都市が知識やアイデアの受け渡しの場として機能してきたことには多くの例があります。ここでは、エドワード・グレイザーの『都市は人類最高の発明である』に挙げられた二つの例を見てみましょう。

一つ目の例は、紀元前5世紀頃に全盛期を迎えた古代ギリシャの都市、アテネです。紀元前5世紀のアテネはワイン、オリーブオイル、パピルスの交易で栄えていました。紀元前5世紀の前半には小アジアではペルシャ戦争が起こっており、戦災を避けるために多くの知識人がアテネに集まって来ました。ペリクレスはアテネの民主制を完成させましたし、ソクラテスは独自の問答法で多くの友人や弟子たちに大きな影響を与えました。プラトンやアリストテレスなど、ギリシャ哲学の巨人たちは軒並みソクラテスの大きな影響を受けています。この時期のアテネではギリシャ哲学だけではなく、悲劇や喜劇、歴史書も誕生しました。アイスキュロス、ソフォクレス、エウリピデスは三大悲劇詩人として知られていますし、アリストファネスは喜劇詩人として有名でした。ヘロドトスは、『歴史』をまとめ上げ、歴史の父と呼ばれました。また、アテネはユークリッド、テアイテトス等、多くの数学者を輩出しました。

このように、地中海世界の至るところから多くの学者や芸術家がやってきて、アテネという1か所に集まり、それぞれが持つ知識やアイデアを他の多くの人々と交換し、共有していました。学者や芸術家の交流は、次々と新しいアイデアを生み出していきました。知識やアイデアは、人々の交流の中で人から人へと移動し、その中で新しいアイデアが誕生するのです。アテネで生まれた多くの知識やアイデアは、長い間ヨーロッパでは大きな影響力を持っていました。ユークリッド幾何学は19世紀に至るまで唯一の幾何学でしたし、現代でも幾何学の基礎として学ばれています。

二つ目の例は、江戸時代の長崎です。江戸時代に日本は鎖国を行っており、世界の技術の進歩からは隔絶されていました。それにもかかわらず、日本が明治維新以降に急速な発展を遂げることが可能になった要因の一つは、当時の西洋で使われていた科学的知識を吸収するための基礎的な考え方を知っていたからです。

1590年にポルトガルのイエズス会伝道師たちは、長崎に東アジアで初めての金属印刷出版所を設置しました。その後、江戸幕府はカトリックとポルトガルに対する警戒心を高め、イエズス会は日本から追い出され、代わってオランダの東インド会社が長崎の出島で交易をすることを認められました。長崎には、西洋医学の知識がもたらされ、1774年には西洋医学を日本語に翻訳した『解体新書』が出版されました。ドイツ人の医師、シーボルトはオランダ軍の軍医として来日し、「鳴滝塾《なるたきじゅく》」を開き、日本各地から集まってきた医者たちに医学を教えました。1804年には、ヨーロッパの乳がんに対する外科手術の存在を学んだ華岡青洲《はなおかせいしゅう》により、世界で初めての全身麻酔による手術が行われました。

長崎で医学を学んだ緒方洪庵《おがたこうあん》は大坂に「適塾」を開き、そこから福沢諭吉《ふくざわゆきち》のような教育者、大村益次郎《おおむらますじろう》のような軍事技術家、佐野常民《さのつねたみ》のような政治家、高峰譲吉《たかみねじょうきち》のような科学者、実業家が輩出されています。日本では、多くの人材がオランダを通して長崎に伝達された科学知識を学んでいました。明治維新以降、西洋の最新の知識、技術を吸収する際、それまでに身に着けていた科学的知識が基礎を作ってくれていたのです。

知的な生産活動では顔をあわせることが重要

人と人が直接出会い、交流することがとりわけ重要なのは、新しいアイデアや技術を生み出すイノベーションのような知的な生産活動です。日本の人口の28％が集まる東京では、日本で登録される61％の特許が集中しているのです。中島賢太郎「都市の高密は知的生産活動の源泉である」では、彼ら自身の研究が紹介されています。

我々の研究グループは、共同研究を行う発明者間の距離を長期間にわたって計測した。その結果、共同研究を行う発明者間の距離は、発明者が都市に集中して立地していることを考慮してもさらに近いということがわかった。つまり発明者は地理的に集中しているが、共同研究相手の選択の際には、さらに近い相手を選択する傾向にあるのである。さらに、1985年から2005年にかけて、この期間のICTの発展にもかかわらず、共同研究関係の地理的な近さはほとんど変化していなかった。近い距離での対面コミュニケーションは今も昔も重要なのである。

中島は、共同研究が物理的な距離が近い者同士で行われる傾向があること、さらにその距離がＩＣＴの発達に影響されていないことを示しました。これは、共同研究に必要な知識やアイデアのやり取りが、直接顔を合わせて行われていることを意味しているのです。

イノベーションのような知的な生産活動には、言語化された情報だけではなく、「暗黙知」と呼ばれる情報のやり取りも重要です。暗黙知とは、表情や仕草、雰囲気や言葉の調子など、同じ場所を共有していなければやり取りすることが難しい情報のことです。経営学者の遠山亮子によると、イノベーションのベースになる知識の創造のためには、暗黙知とともに、「雑談」や「ノイズ」、「偶然の出会い」も必要になります。

コミュニケーションは会議のような、その目的がはっきりした場においてのみ起こるわけではない。知識の共有や創造にとっては、廊下や食堂、オフィスの片隅でのカジュアルな「雑談」も非常に重要である。たとえばあるコールセンターでは、休憩時間のスケジュールを見直してチーム全員が同じ時間帯に休憩を取ることで、同じチームのメンバーが休憩時間に雑談を行えるようにした。その結果、1コール当たりの平均処理時間が、成績の悪いチームでは20％以上、コールセンター全体では8％短縮したという。

「雑談」も暗黙知と同じように、同じ場を共有しなければ生まれませんが、雑談を通して暗黙知を含んださまざまな知識やアイデアが人と人の間を移動しているのです。

グレイザーの著書では、スーパーマーケットのレジ打ちの例が挙げられています。スーパーマーケットのレジ係のスピードや能力には大きな違いがあります。ある大手チェーン店では、能力水準の異なるレジ係が、ほとんどランダムにシフトを割り振られているので、経済学者2人はそれを使い、生産的な同僚がいるときの影響を検討しました。すると、同じシフトで能力の高いレジ係が働いていると、平均的なレジ係の生産も大幅に高まることが分かったのです。そして、その平均的なレジ係は、シフトにいるのが平均以下のレジ係だと成績がかなり落ちるのです。

このように、顔を合わせて情報のやり取りをすることの重要性を示した証拠は数多くあります。古代ギリシャの時代から現在に至るまで、都市では人々が偶然出会い、顔を合わせて暗黙知を含めた知識やアイデアを交換することで、新たなアイデアが生まれてきました。そして、多くの研究結果が示唆するように、新たな知識が創造されるためには物理的に近くに住み、直接顔を合わせることが重要です。

ＩＣＴでは暗黙知のやり取りは難しいですし、仕事の合間の時間に雑談をするのにも適していません。知的な生産活動のためにはＩＣＴだけではなく、顔を合わせて知識やアイデアを交換することが必要なのです。

2　本社機能を地方へ移すことにメリットはあるか

この節では、ＩＣＴの発展が企業の組織形態に与える影響を考えてみましょう。東京に本社機能を置く企業を考えます。この企業はある地方都市に支社を置いています。支社にこの地方都市およびその周辺地域での営業に関する「指揮管理機能」を置くか、もしくは、東京本社でこの支社を直接指揮管理するか、選択しなくてはならないとします。支社に指揮管理機能を持たせた場合、支社には指揮管理に当たる管理職の社員を常駐させる必要がありますが、東京本社から直接指揮管理する場合、そのような管理職を常駐させる必要はありません。

ＩＣＴが発達していない場合、東京と地方都市の間の情報通信費用が高くなります。電話が開通する前の時代には、地方都市と東京の間で情報のやり取りをすることは難しかったでしょう。あるいは、インターネットや電子メールが普及する前の時代には、現在よりも情報通信費用が高かったであろうことは容易に想像がつきます。このような時代には、この企業は地方都市の支社にこの地方の営業に関する指揮管理部門を置き、管理職社員を常駐させるでしょう。情報通信費用が高いため、東京から直接指揮管理することには非常に高い費用が発生するからです。

電話が開通し、インターネット、電子メールが普及し、さらにはZoomのようなオンライン会議システムが一般化するにしたがって、東京と地方都市の間の情報通信費用が安くなってきました。それに従って、企業は支社の指揮管理機能を東京に移し、支社の権限と規模を縮小するでしょう。それでも費用がかさむ場合には、支社をなくしてしまうかもしれません。情報通信費用が低くなるにつれて、東京本社から支社を直接指揮管理する費用が低くなります。支社で指揮管理機能を持たせ、管理職の社員を常駐させることには費用がかかるわけですから、その費用が情報通信費用を上回るようになると、地方都市の支社の指揮管理機能を東京本社に移すのです。指揮管理部門を東京本社で一元化することによって、「集積の経済」が働き、指揮管理部門の労働生産性が上がる可能性があることも見逃せません。

それでは、本社機能を地方都市に移すという可能性はないのでしょうか。先に紹介したパソナグループのように、そのような可能性が全くないとは言えませんが、そのような行動に多くの企業が追随するとは考えにくいのです。

企業の本社機能とは、企業の経営管理を統括する機能であり、そこで行われている活動は非常に知的な生産活動です。前節で述べたように、このような活動は人と人の間での顔を合わせたコミュニケーションによるアイデアと知識の共有が重要であり、大都市に集積するメリットが非常に大きいのです。大都市にはさまざまな企業が本社機能を置いているため、そこには多くの専門知識を持った労働者が集まっています。本社の経営管理部門で働く労働者にとっては、アイデアや知識を持った労働者がたくさん住んでいて、そのような人たちと直接顔を合わせることで得られる暗黙知を含めた情報に触れられることが重要なのです。したがって、本社機能の労働生産性を向上させるためには、大都市に立地することが不可欠になります。

以上の思考実験は、ＩＣＴの発達による地域間の情報通信費用の低下は、東京の本社機能の拡大を進め、地方都市の支社の権限と規模を縮小してしまうことを示しています。１９５０年代以降の日本では、地方から東京に一貫して人口が流入しています。１９５０年代から60年代にかけて、電話が急速に普及したので地域間の情報通信費用は大幅に低下しました。この過程では三大都市圏への人口の流入が起こりました。２０００年代以降のインターネットや電子メール、携帯電話やスマートフォンの普及も地域間の情報通信費用を大幅に低下させましたが、地方から東京への人口の流入は継続しています。ＩＣＴの発達は、東京の本社機能の拡大をもたらし、地方から東京への人口の流入を後押ししている可能性の方が高いのです。

3　出会うことのなかった人々の新たな結びつき

ＩＣＴの発展が人々の移住を促すという考え方は、これまで職場や教室や都市が担ってきた人々を一つの場所に集め、情報を交換させるという機能をＩＣＴの発展が代替すると考えているのです。筆者の職場で起こっているような会議の減少、講義のオンライン化、レポートの電子媒体による共有化は、ＩＣＴの発展が職場や教室の機能を代替していることの顕著な例です。多くの業務において人々が直接会うことの必要性は確実に減少しています。

このようにＩＣＴの発展は多くの業務で人々が直接会う必要を減らしています。一方でＩＣＴの発展は、新たな繋《つな》がりを人々にもたらすことを忘れてはいけません。たとえば、ＳＮＳで情報を発信し合うことにより、人々が新たに知り合う機会が増えるでしょう。また、オンラインの講演会に参加することで、遠い場所で行われている人の講演を聞くことが可能になります。マッチングアプリを使うと、新たな結婚の機会まで生まれるのです。

筆者のような研究者は、他人の研究報告を聞くことが重要な情報収集の機会なのですが、コロナ禍の今、オンラインで行われる研究会が盛んになっています。オンラインの研究会はこれまで報告を聞き得なかったアメリカ、シンガポール、中国など海外の研究者の報告を聞くことを可能にしました。すると、知り合うことが難しかった海外の研究者と、新たな研究上の繋がりが生まれてきます。実際、こういった研究会をきっかけに、新たな共同研究が生み出されている例も見聞きします。

このような共同研究は、打ち合わせもオンラインで行われることが少なくありません。しかし、研究者同士が直接顔を合わせず、全ての研究をオンラインで行うことは少ないでしょう。筆者の共同研究はオンラインでの打ち合わせによって進められ、オンラインでデータや情報が共有されることが多いのですが、同時に打ち合わせが研究室で顔を突き合わせて行われることも多いのです。研究者たちは、研究のいずれかの段階で直接顔を合わせて情報の受け渡しを行うのです。つまり、ICTの発展は新たな繋がりを人々にもたらし、結果的に人々が直接顔を合わせる機会を増やす機能もあるのです。

他の多くの業種でも、オンラインで生まれた人々の繋がりが新たな仕事に結びついている場面は多いのではないでしょうか。そうであるのならば、ICTの発展は、これまで出会うことのなかった新たな人々の結びつきを作り出し、人々が直接顔を合わせる機会を増やしている可能性もあるのです。

ジェス・ギャスパーとグレイザーによる「情報技術と都市の未来（Information Technology and the Future of Cities）」はICTの持つこのような性質を指摘し検証した論文です。そこでは、ICTの発展により、人々が直接顔を合わせて情報を受け渡しする機会が増えていることがアメリカのデータによって示されています。電話の通話は地理的に近い人々の間で交わされていることが圧倒的に多く、対面で出会うことが可能な人間関係は電話で話す機会をかえって増やすことを示しています。また、都市圏人口が増え、物理的に近くに住んでいる人々の数が増えると、電子メール等によるコミュニケーションも増加するのです。

彼らの研究が示したのは、ICTは、ICTがない場合には出会わなかった人々の間に、新たな人間関係を作り出し、その人々が直接顔を合わせてコミュニケーションをとる機会を作り出すということです。さらに、人々が目的に応じてコミュニケーションの方法を選択していて、暗黙知を含めた大量の重要な情報をやり取りする場合には顔を合わせて意見を交換し、言語情報だけのやり取りが必要な場合には、電話や電子メールといったICTを使っているということです。

ICTによるコミュニケーションの回数と顔を合わせたコミュニケーションの回数は、お互いが相乗的にお互いの数を増やしていくという関係にあります。このように、お互いがお互いの機能を補い、お互いの回数を増やすような関係を「補完関係」と呼びます。ICTによるコミュニケーションと顔を合わせたコミュニケーションは補完関係にあるのです。

新たな情報伝達技術は都市の役割をむしろ強化する

ICTの発展が大都市の機能を代替するという議論は真新しいものではありません。1960年代以降の電気通信技術の発展は大都市の機能を代替するという議論が多くの論者によって主張されてきました。アメリカのジャーナリスト、トーマス・フリードマンは、インターネット等の2000年代以降のICTの発展により、情報の交換の中で大都市を含めた地理空間の役割が減っていくことの影響を分析しています。

初期のＩＣＴの発明の代表的なものは、１４５０年頃に神聖ローマ帝国のヨハネス＝グーテンベルクによってなされた印刷機の発明です。言葉を安く、大量に紙に記録できるという機能は、遠隔地に住む人に情報を伝達することのできる情報の量を革命的に増やしました。人々は、知識人に直接会って教えを請わなくても、その人が執筆し、印刷された本を読めば、その人の考え方の概略を知ることができるようになったのです。

それでは、印刷技術の発達によって、知識の伝達が行われる都市が小さくなったりなくなったりしたでしょうか。むしろ、印刷技術の発達は都市の役割を大きくしたはずです。印刷技術は都市で発明されましたし、発明に必要な資金の貸し手は都市だからこそ見つけることができたのです。また、都市には豊かで字を読むことのできる人がたくさん住んでいました。つまり、印刷技術によって生み出された本は都市に住む人々に新たに生み出された知識を伝えたのです。

また、本を読むことによって新たな知識に触れた人々は、その知識を一層深めるために本に書いてある情報に関連する知識を学べる学校に通ったことでしょう。このような学校の多くは都市に建てられていました。人々は、本で初めて触れた知識を都市で学ぶことになったのです。印刷技術によって生み出された本は、都市で学ぶ人々の数を増やすことにつながったのです。

初期の印刷技術はイタリアのベネチアで発達しましたが、ベネチアに住むたくさんの豊かで字の読める人々の存在が印刷技術の発達を可能にしたのです。このような人々がいなければ本は売れず、印刷技術によって利益を上げることはできなかったでしょう。

印刷技術以降のＩＣＴ技術の発達は、大都市の機能を代替することはなく、顔を合わせたコミュニケーションの機会を創出するという大都市の機能を補完するように働きました。電話の発達は都市を衰退させず、むしろ大都市の隆盛の一因になりましたし、ファックスや電子メールの発達は、ビジネスでの出張回数を減らしませんでした。ＩＣＴの発達した現在も研究者たちは相変わらず対面で研究打ち合わせを行います。そして大都市は今日でも隆盛を極め、重要な情報の多くは大都市で対面でのやり取りがされています。大都市は情報の受け渡しの場として中心的な役割を果たし続けているのです。

電話の普及は直接会う交渉の機会を減らさず、電話による新たな取り引きの機会を生みました。インターネットや電子メールの発達も同様です。それに伴い、人々の仕事からオフィスでの打ち合わせが減ると同時に、オンライン会議での新たな出会いが生まれます。オンラインで生まれた新たな繋がりは、大都市空間の中で直接顔を合わせることによる情報の受け渡しをもたらします。

新たなＩＣＴを使ったリモートワークの普及により、地方や郊外に移り住む人は今後も生まれてくるでしょう。しかし同時に、ＩＣＴが生み出した新たな出会いの機会を求めて大都市に移り住む人も出てくるでしょう。そこでは直接顔を合わせたコミュニケーションにより、重要な情報がやり取りされます。大都市は今も昔も、そしてこの先の未来にも人々の出会いの場の中心なのであり、その役割はＩＣＴの発達によってますます大きくなっているのです。

第6章　東京は本当に大きすぎるのか

東京には人と企業が多過ぎるのでしょうか。日本の人と企業は東京に集中し過ぎているのでしょうか。東京都の人口は約1400万人です。東京という都市の大きさを「大都市雇用圏」という東京の通勤圏の人口で表すと、約3500万人もの巨大な都市圏になり、世界最大級の都市圏の一つに数えられます。

このように、東京は非常に多くの人口を抱えた都市圏なのですが、巨大な都市圏であるからこそ、さまざまな問題を抱えています。たとえば、道路や通勤鉄道の混雑、遠距離長時間通勤、電力需給の逼迫《ひっぱく》などは、典型的な東京の問題です。中でも、東京の通勤鉄道の混雑ぶりは人々に強烈な印象を与えます。これまでに聞いた数々の話を書き連ねると、「電車に人が詰め込まれ過ぎて、車両が膨らんで見える」、「電車の中は人がギュウギュウになって身動きが取れず、足が宙に浮く」。30年前にただの一度だけ、午前8時頃の小田急線のラッシュを経験した筆者は、未だにその強烈さを忘れることができません。

また、東京では、千代田区、中央区、港区などの中心部の住宅を借りる際の家賃や、住宅を買う際の価格が非常に高いため、中心部から離れて住んでいる人の割合が高いのです。このため、通勤時間が長くなる傾向にあります。平成20年の総務省統計局のレポートを読むと、都道府県別の通勤時間の中位数（通勤時間を最も長い人から最も短い人まで順番に並べた場合、ちょうど真ん中に来る人の通勤時間）は、千葉県、埼玉県、東京都の順番に長く、それぞれ47・9分、45・7分、44・0分になっています。全国の中位数が27・8分ですから、東京都市圏の通勤時間が突出して長いことが確認できると思います。

東京の人の多さを物語る指標として、家賃水準の高さを思い浮かべる人も多いと思います。生活費の水準を見るために、総務省が公表している2020年の小売物価統計調査を見てみましょう。2020年の消費者物価地域差指数（ある地域の物価水準を全国平均の物価水準と比較した数字です）を見ると、全国平均を100とした時、東京都の物価水準は105・2になり、全国の都道府県で最も物価水準が高いのです。その中でも住居費は突出して高く、全国平均100に対して134・5という数字になっています。

住宅を含めた財の値段は需要と供給によって決まります。供給量に対して需要が増えると、財の値段は上がりますし、需要が減ると財の値段は下がります。東京都の住居費が高いのは、住宅に対する需要が多いことを表していますから、東京都の人口が多いことによって引き起こされていると考えられます。

通勤鉄道の混雑や遠距離長時間通勤は、東京都市圏に住み、職場まで通勤する人に時間的、精神的に大きな費用を強いているでしょう。また、住居費の高さは生活費を圧迫し、東京都市圏に住む費用を押し上げています。通勤鉄道の混雑、遠距離長時間通勤、住居費の高さの原因はいずれも東京都市圏の人口が多いことです。これらの要因が東京に住んでいる人々の生活水準を著しく損なっているであろうことは容易に想像がつきます。また、第4章で示したように、東京の出生率が全国で最も低いことから、東京都市圏への人口の集中が少子化を加速させているという議論もあります（増田寛也編『地方消滅』）。

こういったことから、「東京は人口が過大である」という印象は多くの人に共有されています。しかし、ぼんやりと共有された印象が正しいとは限りません。果たして「東京は人口が過大である」という主張は正しいのでしょうか。

人口が多いことにはマイナス面だけではなく、プラスの面もあります。一つの地域に人口や企業が集中すると、「集積の経済」によってその地域の労働者の生産性が上がります。生産性が上がると賃金が上がるので、その地域の人々の生活水準が上がります。図4-6で見たように、東京都の平均賃金が全国で最も高いことの一因は、集積の経済に求められます。

また、人口が集中するとその地域の市場が大きくなるので、企業や店舗が多く立地します。こういった多くの企業や店舗は人々が多様な財やサービスを消費することを可能にします。多種多様なレストランやスーパーマーケット、ショッピングモール、百貨店、スポーツジムなどの存在は、間違いなく東京で生活する際の魅力の一つです。

さらに、高度で専門的な知識を持った労働者が東京に集中することで数多くのイノベーションが生まれ、東京だけではなく日本全体の成長のエンジンになっている点も見逃せません。第5章で示したように、東京都市圏で登録される特許数は日本全体の61％にも及ぶのです。

この章では、都市の人口が過大であるか否かを考えるための方法を紹介したいと思います。その上で、東京都市圏の人口が過大であるのか否かについて考えてみたいと思います。

1 適正な人口水準

東京都市圏の人口が過大であるかどうかを検討するためには、都市の人口の適正水準がどのように決まるのかを理解する必要があります。

賃金と通勤費用と土地の価格

ここでは、ある一つの仮想的な都市を思い浮かべて下さい。この都市は直線上の土地に広がっていて、真ん中には企業が集まるビジネスセンターがあります。人々は、直線上の土地を借りて住んでいます。人々はビジネスセンターで働いて賃金を獲得しますが、住んでいる土地からビジネスセンターまでは通勤する必要があり、この通勤費用はビジネスセンターから遠い地点に住んでいるほど高くなります。

ビジネスセンターで得られる賃金はどのように決まるでしょうか。第1章で見たように、賃金は労働生産性によって決まります。したがって、この都市のビジネスセンターで働いた時の賃金はこの都市で働いた場合の労働生産性で決まるのです。労働生産性は集積の経済によって高められることも第1章で見てきました。人々が集まって活動すると、集積の経済によって労働生産性が高まり、それによって賃金も高くなるのです。

次に、土地のレンタル価格がどのように決まるのかを考えてみましょう。まず、土地のレンタル価格を決める重要な要素は通勤費用です。ビジネスセンターから近く、もしくはビジネスセンターとの間の交通の便が良く、通勤費用が低くなる地点には多くの人々が住みたいと願います。すると、その土地の需要が高くなるため、土地のレンタル価格も高くなります。逆に、ビジネスセンターから離れた土地にはあまり多くの人が住みたいとは考えません。したがって、ビジネスセンターから離れた地点の土地のレンタル価格は低くなります。

その結果、土地のレンタル価格は図6-1で描かれたようにビジネスセンターを中心とした右下がりもしくは左下がりの曲線になります。都市の内部では通勤費用が低いビ

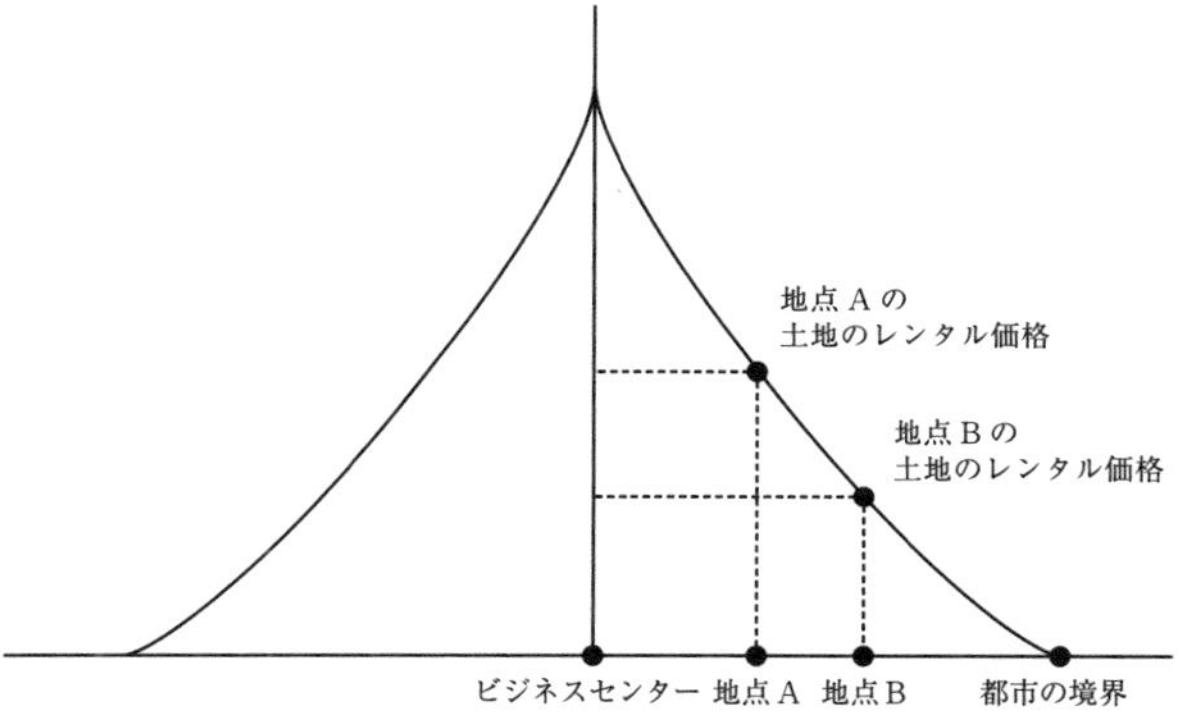

図6-1　土地のレンタル価格

ジネスセンターに近い地点の土地のレンタル価格が高く、通勤費用の高いビジネスセンターから遠い地点の土地のレンタル価格が低くなるのです。

東京都の千代田区や中央区、港区、大阪市の北区等のマンションの家賃が高いことの要因の一つは、都市のビジネスセンターからの通勤費用が低いことによります。このように、都市の土地のレンタル価格はその土地からビジネスセンターまでの通勤費用という重要な情報を含んでいるのです。

都市内の異なる二つの地点の土地のレンタル価格の違いはいくらになるでしょうか。人々は最も高い可処分所得を得られる地点に住みます。ここで、可処分所得は《賃金所得》―《土地のレンタル価格》―《通勤費用》で表され、人々が消費活動にあてることができる所得のことを言います。可処分所得が高いと、消費から多くの満足感を得ることができるため、人々は可処分所得が高くなるように住む場所を選ぶのです。

仮に、ある地点を住む場所として選んだ時、他の地点を選んだ時よりも可処分所得が低くなるなら、その地点に住みたいと考える人はいなくなり、その土地の需要が下がります。すると、その土地のレンタル価格が下がります。逆に、ある地点を選んだ時の可処分所得が他の地点を選んだ時の可処分所得よりも高くなるなら、その地点の土地のレンタル価格が上がります。このような市場の調整の結果、得られる可処分所得は、全ての地点で等しくなるのです。可処分所得のうち、《賃金所得》はビジネスセンターの生産性で決まるので、都市内のどの地点に住んでも変わりません。つまり、《土地のレンタル価格》+《通勤費用》の値が、どの地点に住んでも等しくなるのです。

結果として、異なる二つの地点の土地のレンタル価格の違いは、2地点間の通勤費用の違いだということになります。ビジネスセンターにより近い地点では、ビジネスセンターからより遠い地点よりも、通勤費用の違いだけ土地のレンタル価格が高くなるのです。図6－1はそのことを描いています。

都市に住む人の数と土地の価格の関係

それでは、この都市に住む人が増えた場合、土地のレンタル価格がどのように変化するかを考えましょう。都市に住む人が増えると、都市の土地に対する需要が上がるので、都市内部の各地点の土地のレンタル価格が上がります。また、住む人が増えたので、都市の面積が広がり、都市の境界は外に拡張されます。図6－2は都市に住む人が増えることによる都市の土地のレンタル価格の変化を描いています。土地のレンタル価格を表す曲線は上側に移動し、各地点の土地のレンタル価格は高くなり、都市の境界は外側に移動しています。

人口が増えることによる通勤費用への影響を考えてみてください。人口が増えて都市の面積が増えたことにより、その都市に住む人々の平均通勤費用は確実に増加します。これまで人が住んでいなかった、ビジネスセンターから遠く離れた地点に人が住むようになったからです。人口が増えると、土地の平均レンタル価格も上がります。

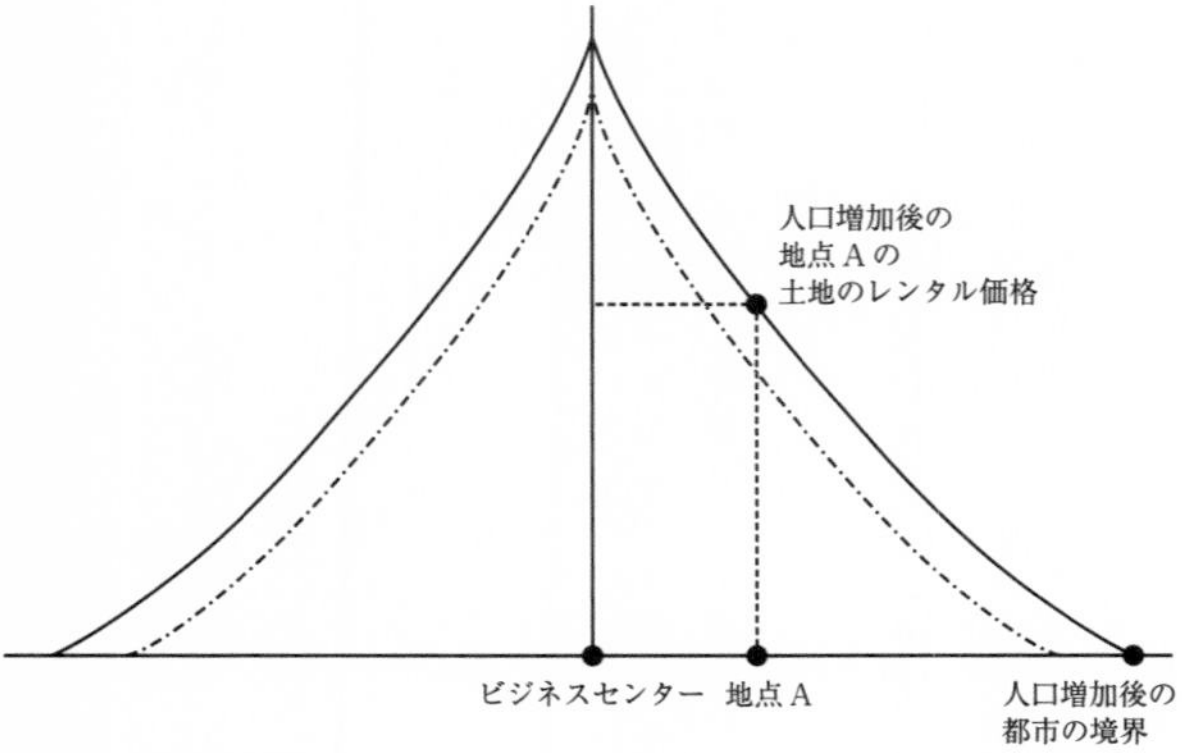

図 6-2　人口増加後の土地のレンタル価格

二つの地点の土地のレンタル価格の違いは、二つの地点の通勤費用の違いに等しかったことを思い出して下さい。

通勤費用というのは、都市内の土地に多くの人が住んでいることから発生する経費のようなものです。自分以外に誰も住んでいない場合には、誰でもビジネスセンターの隣に住めるので、通勤費用はゼロになります。経費としての平均通勤費用は、都市に住んでいる人が増えれば増えるほど増加します。都市の土地の平均レンタル価格は、都市に多くの人が住むことの経費を表す平均通勤費用を反映しているのです。都市の人口が増えると平均通勤費用が増えるので、都市の土地の平均レンタル価格も上がります。実は、簡単な仮定のもとでは、二つの地点の土地のレンタル価格の差が通勤費用の違いに等しい時、土地の平均レンタル価格は平均通勤費用と等しくなります。土地の平均レンタル価格は平均通勤費用を反映しているのです。

土地の平均レンタル価格が平均通勤費用と等しいので、都市の土地のレンタル価格を全て足し合わせると、都市に住む人々が負担する通勤費用の合計に等しくなります。すなわち、都市の土地のレンタル価格を全て足し合わせると、人々が都市に住むことで発生する経費を全て足し合わせたものに等しくなり、この経費の合計は、都市に住む人が増えると増加するのです。都市の土地のレンタル価格の合計は、多くの人々が都市に住んだことによる経費の合計に等しいという点が重要です。

人口が増えることのメリットはあるか

都市に住む人が増えると経費が増えるだけではなく、良い効果も働きます。集積の経済が働いて生活水準が向上することです。

第1章で議論したように、集積の経済にはさまざまな形がありますが、簡単にまとめると都市圏の人口が増えると、労働生産性が上がることを指します。労働生産性が上がると、都市圏における1人当たり生産量が増え、生活水準が上がるのです。

都市圏の人口がL人からL+1人に一人増えると、集積の経済によって1人当たり生産量がy_Lからy_(L+1)にわずかに増えます。この増加分を、A=y_(L+1)−y_Lと表します。都市圏に住む人全員が集積の経済によって生産性が上昇するので、1人1人の生産量の上昇を全て足し合わせると、L×Aと表されます。つまり、都市圏に住む人は、都市圏全体の生産量をL×A上昇させるという貢献をしているのです。

私たちは普段、自分が都市圏に住むことで都市圏の人々の生産性が向上するということを意識していませんし、このような集積の経済に対する貢献に報酬が支払われることもありません。そこで、この生産性の上昇に対する貢献に都市政府がお金を払うと考えてみましょう。

都市圏に住む人々のそれぞれが1人当たり、都市圏の生産量をL×A増加させるので、都市政府は1人当たりにL×Aのお金を集積の経済への貢献に対する報酬として支払います。都市圏に住む全ての人に対してこのような報酬を支払うと、報酬の総額はL×L

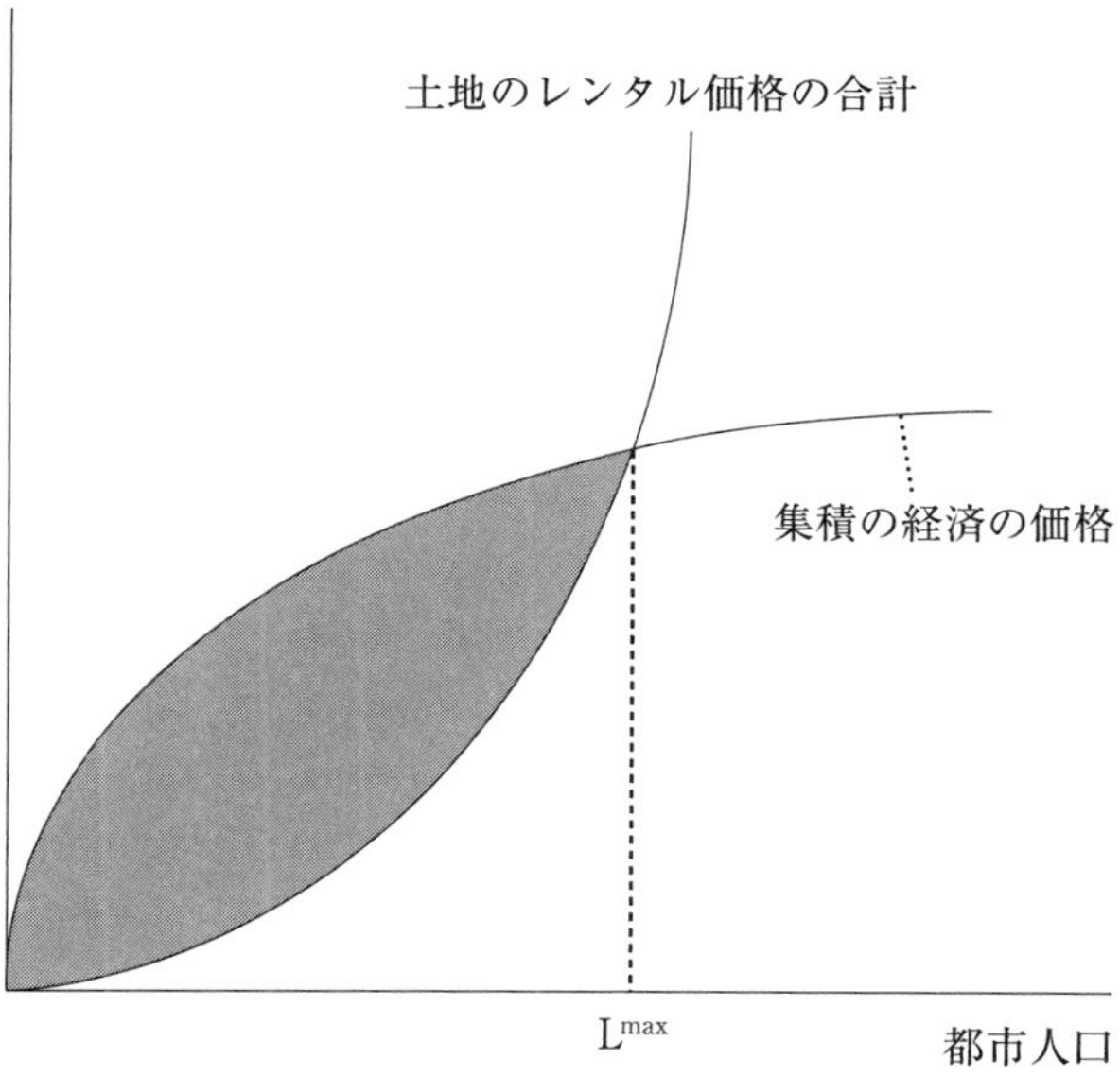

図 6-3　最適都市規模

×Aになります。都市政府は、人々の集積の経済に対する貢献に対して、L×L×Aのお金を払う用意があるのです。つまり、この報酬の総額は、都市政府が、集積の経済に対して支払う価格だと言うことができるでしょう。

図6-3は、人口が増えることによる経費を表す土地のレンタル価格の合計と、集積の経済の価格が描かれています。集積の経済の価格も土地のレンタル価格の合計も右上

がりの曲線ですが、土地のレンタル価格の合計を表す曲線の傾きが徐々に大きくなるのに対し、集積の経済の価格の合計を表す曲線の傾きは徐々に小さくなっています。

集積の経済の価格から経費の合計を差し引いたものが、《集積の経済の価格》—《土地のレンタル価格の合計》で表されます。この値が正の時、都市の人口が増えることによる良い効果の方が経費を上回ることになりますが、負の値をとる場合には、経費が良い効果の合計を上回ります。《集積の経済の価格》—《土地のレンタル価格の合計》は、二つの曲線の間の距離で表されているので、都市に人口が増えることによるプラスの効果の合計は、色を塗った部分で表されています。人口が増えることによるプラスの効果の合計は、二つの曲線が交わる部分で最大になります。交点より右側の部分では、経費の合計が良い効果の合計を上回っているため、人口が増えれば増えるほど、生活水準が下がることになります。

都市圏の生活水準が最も高くなる場合の人口水準はL^{max}で表されます。この人口水準では、集積の経済の価格が、経費の合計を表す土地のレンタル価格の合計と等しくなっているのです。すなわち、《集積の経済の価格》＝《土地のレンタル価格の合計》になっている人口水準が、その都市の適正人口水準であるということになります。これを「ヘンリー・ジョージ定理」と呼びます。集積の経済の価格が土地のレンタル価格の合計よりも高い場合には、都市圏の人口は適正人口水準より小さくなっていますし、土地のレンタル価格の合計が集積の経済の価格よりも大きい場合には、都市圏の人口水準が過大になっていることになります。

集積の経済の効果を計測することは難しい

ヘンリー・ジョージ定理からわかるように、集積の経済の価格が大きな都市では、それだけたくさんの人口を抱え込むことができます。通勤鉄道の激しい混雑、遠距離長時間の通勤、高い住居費はいずれも東京都市圏では土地のレンタル価格の合計が高い水準になっていることの証拠です。しかし、仮に東京都市圏で強い集積の経済が働いているとすると、通勤鉄道の激しい混雑、遠距離長時間の通勤、高い住居費にもかかわらず、都市規模は適正である可能性があります。

ヘンリー・ジョージ定理を使って都市の適正人口水準を計算するためには、集積の経済が生産性の上昇に与える効果と土地のレンタル価格に関するデータが必要になります。しかし、集積の経済が生産性の上昇に与える効果をデータから計測することは難しく、さらに土地のレンタル価格のデータを収集することは非常に難しいのです。

しかし、経済学者の金本良嗣とその研究グループが行った一連の研究は、ヘンリー・ジョージ定理を使って東京都市圏の実際の人口が適正人口規模と比較して大きいか否かを計測することに挑みました。さまざまな工夫を凝らして集積の経済の効果を計測し、土地のレンタル価格に相当するデータを集めて研究を行った結果、東京都市圏の人口が過大であると決定づける証拠はなかったのです。1996年の論文では東京圏の土地のレンタル価格の合計に当たる値に対する集積の経済の価格に当たる値が、他の都市圏の平均と比較すると低い値になることが報告されています。これは、東京圏の人口が他の都市圏と比較して、過大である可能性が低いことを示しています。

それに対し、1998年、2006年の論文では日本の他の都市圏と比較すると、東京都市圏では、土地のレンタル価格の合計に当たる値に対する集積の経済の価格に当たる値が著しく大きくなることが報告されました。このことは、東京都市圏は他の都市圏と比較すると過大になっている可能性を示唆しています。

東京の人口規模が大きすぎるはっきりとした証拠はない

このような結果の違いは、研究に使われたデータおよび、計測の手法の違いに由来します。いずれにしても、東京都市圏の人口規模が適正水準より大きいのか小さいのかについては、はっきりした結論が出ていません。東京の人口規模が過大であり、東京一極集中が悪いことであることが既成事実であるかのような論調をよく耳にしますが、それらは多分に通勤鉄道の混雑や高い住居費等の印象から来ていることが多く、はっきりした根拠を持っていないことが多いのです。

都市圏の人口が増えると、集積の経済によって労働生産が上がること以外にも、さまざまな種類の消費財が手に入るようになるというメリットもあります。都市圏の人口規模が増えると、消費財を買ってくれる消費者の数が増えることになります。つまり、企業の立場からすると、都市圏の人口の増加は商品を買ってくれる消費者の人数が増え、この都市圏がより高い利潤を稼がせてくれる市場へと成長していることを示すのです。

つまり、都市圏の人口規模が増えると、より多くの企業がこの都市圏に立地することになり、手に入る消費財の多様性が高くなることにつながるのです。東京都市圏の人口が増えると、東京都市圏に出店するレストランやアパレル企業の数が増え、東京で手に入る消費財の種類はますます増え、生活水準が上がります。人口規模の増加は消費財の多様性を増やすことで都市圏の生活水準を上げるのです。

前に記したヘンリー・ジョージ定理を表す式に、消費財の多様性のメリットの増加も加えると、《消費財の多様性の増加の効果の価格》＋《集積の経済による生産性上昇の効果の価格》＝《土地のレンタル価格の合計》がヘンリー・ジョージ定理になります。金本らの一連の研究では、都市圏の人口規模の増加のメリットに消費財の多様性の増加の効果の合計が入っていませんでした。したがって、人口規模の増加のメリットを過小評価していたことになります。これは、東京都市圏の人口規模が過大であるという結果が出てくる確率が実際よりも高く見積もられることを意味しています。

それにもかかわらず、東京都市圏の人口規模が適正人口水準と比較して過大であるというはっきりした証拠が得られていないのです。これらのことから、一般に考えられているほど、東京の人口規模は過大であるということが自明ではないことがわかると思います。

2　東京一極集中と過疎化する地方

日本全体の人口減少と、地方から東京都市圏への移住が続いた結果、多くの地方が過疎化に悩まされることになりました。このような地方の過疎化の原因の一端として、東京一極集中が槍玉《やりだま》にあがることも多いのではないでしょうか。

一極集中と過疎化を是正することに合理性は本当にあるのか

しかし、ここで立ち止まって考えなくてはならないのは、「東京一極集中と、それとともに進んでいる地方の過疎化は、悪いことなのか」ということです。たとえば、東京都市圏の人口規模が適正人口規模と比較して大きいことが自明であるにもかかわらず、地方から東京都市圏への人口の流入が進んでいる場合、このような人口移動は東京都市圏の生活水準を下げてしまう可能性があります。しかし、このような場合でも、政府が人口移動に影響を与えるような政策を採ることには、慎重な検討が必要です。

また、東京都市圏の人口規模が過大であることが自明ではないのならば、東京一極集中の是正にはより一層の慎重な検討が必要なはずです。なぜなら、この場合には東京への人口移動が東京都市圏の生活水準を上げる可能性だってあるからです。

そもそも、地方から東京への人口移動は強制されたものではなく、個々人の自由意思にもとづく結果によって選択された行動です。一般に、個人の自由な意思決定によって選択された行動は、多くの場合、個人に最良の結果をもたらします（そうでなければ、個人はより良い結果を生み出す別の行動を選択したはずです）。個々の人々が全員、最良の結果をもたらす行動を選ぶことができたのならば、社会にとってもそれが最良の結果なのです。個人の自由な行動が他人に思わぬ迷惑をかけていて（外部性と呼びます）、政府の介入によって迷惑を是正することができる場合（たとえば企業の環境汚染に対する是正措置）、あるいは個人もしくは民間企業では供給することができないが必要とされる財（警察活動や道路など。公共財と呼ばれます）の供給が必要な場合、政府の市場に対する介入が正当化されます。

東京一極集中の議論に立ち返ると、地方から東京への移住が個人の自由な意思の下で行われたものならば、それはその個人にとって最良の選択なのです。そして、全ての個人が最良の選択を行った結果として東京一極集中が起こっているのならば、政府が是正措置に踏み切る際には慎重な検討が必要になります。つまり、その個人の東京への移住が他の人の生活水準を下げてしまうような迷惑を伴っていると明確に判断できる場合にのみ、是正措置に踏み切る根拠が生じるのです。先ほどのヘンリー・ジョージ定理はそのような判断をする際の根拠になります。

地方から東京への移住が起こっている場合、地方の生活水準が東京の生活水準よりも低いことを意味しています。そのような地方に人口をとどめておくことは、多くの人々の生活水準を下げることにつながります。

また、東京都市圏の人口が過大ではない場合には、地方から東京への人口移動によって、人口を受け入れた東京の先住民も、移動した人も生活水準が上がることになります。たとえ地方の人口が減り、過疎化が進んでいっても、そのような人口移動を止めることは全体の不利益になることが明白です。過疎化が進んだ地方の生活水準が下がったのならば、長期的には他の地方や東京都市圏への移住が加速化し、その地方には人が住まなくなるでしょう。このような移住は他の誰の生活水準も下げることはありません。したがって、政府が介入する必要はないのです。

すでに東京都市圏の人口規模が過大であり、地方から東京への人口移動が東京の生活水準を下げるのならば、政府が移動に介入する論拠が生まれます。なぜなら、このような人口移動は、東京都市圏の全ての人々の生活水準を下げてしまうからです。この場合には、地方の生活水準を上げることによって東京都市圏への人口移動を止める政策を採ることで、全体の利益につながる可能性があります。いずれにしても、東京都市圏の人口規模が適正水準よりも大きいか否かを検討しなければ、東京一極集中を止める必要があるのか否かもわかりません。

少子化は理由になりうるか

増田は、出生率が低い東京都市圏への人口の集中が人口の急減を招いているため、直ちに是正措置をとる必要があると主張しています。第4章でも、大都市圏では出生率が低くなる傾向があること、およびその原因について検討しました。東京都市圏のような大都市圏では出生率が低くなるのは確かですが、それが東京一極集中を是正する根拠になり得るでしょうか。

日本の都道府県の中で、出生率が最も高い沖縄県の合計特殊出生率が1・82（2019年）、2番目の宮崎県が1・73（2019年）です。東京都の合計特殊出生率が1・15（2019年）ですから、東京一極集中によって少子化が進んでいるのは確かです。

気を付けなくてはならないのは、子供の数を決めているのも、夫婦の自由な意思決定の結果であって、誰かに強制されているわけではないということです。ということは、子供の人数も個人（夫婦）にとっては最良の結果をもたらす選択であったわけで、この点をもって政府が介入する理由にはなりません。政府が介入する根拠を探すためには、子供の人数が少ないことが他の誰かに迷惑をかけているのか否かを検討する必要があります。

子供の人数が減ると迷惑をこうむる人として第一に思い浮かぶのは、子供が大人になった時に、年金システムを通じて生活を支えてもらう、その時代の老年世代でしょう。現在の年金システムでは、現役世代が納める年金保険料が老年世代の年金支給に使われています。つまり、年金保険料を支払う現役世代が減ると、老年世代の年金支給が減ってしまうのです。その意味で、子供の人数が少ないことは、将来の老年世代に迷惑をかけることになるので是正される必要があるでしょう。現行の年金システムは、人口が増加することを前提にした世代間互助システムになっています。詳しい議論は避けますが、このシステムを上手《うま》く修正することで、少子化の下でも年金システムは運営可能になるかもしれません。

仮に年金システムの運営が少子化の下でも上手くいくようになったら、少子化に政府が介入する根拠はあるでしょうか。将来の老年世代以外に、子供の数が少ないことで迷惑をかけられる可能性のある人は、子供と同世代の人々です。ある国で子供の人数が少なくなると、この国の将来の人口が減ります。人口が減った国からは多くの企業が流出するでしょう。人口が少ない国では商品があまり売れないからです。企業の数が減ると、その国で手に入る消費財の多様性が減ります。するとこの国の生活水準が下がります。

子供の数の減少は、子供と同世代の人々の生活水準を下げる可能性があるのです。

しかし、子供の減少は、子供と同世代の人々に良い影響を与える可能性もあります。第3章で説明したように、労働者1人当たりの機械設備の量が増えると、労働者の賃金が上がります。労働者1人で作れる物の量が増え、労働生産性があがるからです。賃金は労働生産性で決まるため、労働者の賃金は上がります。つまり、子供の数の減少は、子供と同世代の人々に良い影響を与え、生活水準を上げる可能性もあるのです。

結局、子供の数の減少が他の人々に与える影響が良いものであるのか、悪いものであるのかはすぐにはわかりません。子供と同世代の人々には良い影響も、悪い影響も与えます。どちらの影響が強いのかはすぐにはわからないのです。そうである以上、年金システムの運営が少子化の下でも上手くいくようになったら、少子化に政府が介入する根拠ははっきりしません。

ある地方から他の地方へ人口の流出があり、東京都市圏には人口の流入があるということは、これらの地方の生活水準が東京都市圏よりも低いことを意味しています。少子化に政府が介入する根拠がはっきりしない以上、地方から人口が流出し、東京都市圏に人口が流入する東京一極集中に政府が介入することを正当化するためには、東京都市圏の人口が過大であることの証拠をはっきり示す必要があります。根拠を示すことなく、生活水準の低い地方に人口をとどめ置くような政策を採用すると、本来であったら東京都市圏に住んで生活水準を向上させることが可能であった人々の生活水準を下げてしまう可能性すらあるのです。

結局、東京一極集中に政府が介入することを正当化するためには、東京都市圏の人口が増えることの経済効果の価格、つまり《消費財の多様性の増加の効果の価格》と《集積の経済の価格》を足し合わせたものと、都市の人口が増えることによる《通勤費用の合計》=《土地のレンタル価格の合計》を比較して、後者の方が大きいことを示す必要があります。金本らの研究は、東京一極集中に政府が介入することの根拠を示すことが意外に難しいことを示していますが、東京都市圏の人口を適正水準と比較することは今後の研究において非常に重要なテーマになるでしょう。

おわりに

著者が研究者を志すきっかけになったのは、大学の学部生の時代に『経済政策を売り歩く人々』と、『脱「国境」の経済学』という2冊の本を読んだことです。どちらも、2008年にノーベル経済学賞を受賞した超一流の経済学者であるポール・クルーグマンが書いた本でした。前者は、世にはびこるナンセンスな経済政策を経済学の基本的な知識を使って斬って捨てる痛快なエッセイ、後者はクルーグマンが切り開いた新しい学問分野「空間経済学」を初学者向けにわかりやすく解説した学術書でした。

大学にこそ入学したものの、授業にはほとんど出席せず、無為に時間を過ごしていた著者にとって、クルーグマンの本は経済学の面白さを初めて伝えてくれるものでした。

学部のゼミでは環境経済学の勉強をしており、その研究をしようと大学院に入学した後、偶然にも京都大学経済研究所にはクルーグマンの共同研究者であり、ともに「空間経済学」の世界を切り開きつつあった藤田昌久先生がいらっしゃることを知りました。

環境経済学の研究に行き詰まりを感じていた著者は、即座に専門分野を変えることを決意し、早速その足で藤田先生の研究室に伺いました。そして、幸運にも先生の指導を仰ぐことができることになったのです。

藤田先生の指導は刺激的でした。『The Spatial Economy: Cities, Regions, and International Trade』という、後に世界の経済学界に旋風を巻き起こした学術書を執筆されている途中であり、その草稿をもとに講義をされていました。新しい学問分野が切り開かれ、その末端に自分も参加しているという知的な興奮は未《いま》だに忘れることが出来ません。

以来、「空間経済学」そして「都市・地域経済学」の研究を続けてきましたが、始まりはクルーグマンの2冊の著書でした。クルーグマンはアカデミックな研究能力において天才的な能力を発揮するとともに、文才にも恵まれた人で、『経済政策を売り歩く人々』のような一般書も『脱「国境」の経済学』のような学術書も、実にわかりやすく、そして何よりも面白く書かれています。また、クルーグマンの一見自由奔放に展開されているように見える議論は、常に強固な「経済学的な根拠」によって裏付けられています。

本書を書くにあたっては、中高生からでも十分に読める入門書としての面を重視し、わかりやすく書くことを心掛けたつもりですが、同時に、クルーグマンの著書と同様に、「経済学的な根拠」に根差した議論を展開するように注意してきました。

また、本書は一般向けの新書ですが、私自身がこれまで積み重ねてきた研究の成果を端々に取り入れています。「都市・地域経済」の入門書には通常は含まれない、経済成長と集積（第3章）、都市と出生率（第4章）の話が取り入れられているのはそのためです。これらは、成長と集積、都市と出生率といったトピックを、現在の日本の都市を捉える重要な特徴だと著者が考えていることを表しています。

最後に、執筆を陰ながら支え、活力を与えてくれた妻と娘、そして、2012年8月に亡くなったため、著者にとって永遠に乗り越えることができなくなった壁である父に本書を捧《ささ》げ、締めくくりとさせていただきます。

2022年6月3日　神戸の自宅にて

山本和博

参考文献一覧

第1章
リカードウ、羽鳥卓也・吉澤芳樹訳（1987）『経済学および課税の原理』（上下巻）岩波文庫
Glaeser,E., Kallal, H., Scheinkman, J. and Shleifer, A. (1992) "Growth in Cities" *Journal of Political Economy* 100, 1126-1152.

第3章
デイヴィッド・N・ワイル、早見弘・早見均訳（2010）『経済成長 第2版』ピアソン桐原
Barro, R. J. and, Lee, J. (2001) "International Data on Educational Attainment: Updates and Implications" *Oxford Economic Papers* 53, 541-563.
Fogel, R. W. (2004) "Health, Nutrition, and Economic Growth" *Economic Development and Cultural Change* 52, 643-658.

第4章
増田寛也編著（2014）『地方消滅――東京一極集中が招く人口急減』中公新書

Galor, O. and Weil, D.N.（1996）“The gender gap, fertility, and growth” *American Economic Review* 86, 374-387.

Maruyama, A. and Yamamoto, K.（2010）“Variety expansion and fertility rates” *Journal of Population Economics* 23, 57-71.

Sato, Y. and Yamamoto, K.（2005）“Population concentration, urbanization, and demographic transition” *Journal of Urban Economics* 58, 45-61.

第５章

エドワード・グレイザー、山形浩生訳（２０１２）『都市は人類最高の発明である』ＮＴＴ出版

トーマス・フリードマン、伏見威蕃訳（２００６）『フラット化する世界』（上下巻）日本経済新聞社

遠山亮子（２０２１）「「偶然出会う場」としての都市の役割」『MEZZANINE』第５号、22-25頁

中島賢太郎（２０２１）「都市の高密は知的生産活動の源泉である」『MEZZANINE』第５号、26-29頁

Gasper J., and Glaeser E.（1998）“Information Technology and the Future of Cities” *Journal of Urban Economics* 43. 136-156.

Knoke, W. (1996) *Bold New World: The Essential Road Map to the Twenty-First Century*, New York: Kodansha.

Naisbitt, J. (1995) *Global Paradox*, New York: Avon Books.

Negroponte, N. (1995) *Being Digital*. New York: Vintage Books

Toffler, A. (1981) *The Third Wave*. New York: Bantam Books.

第6章

金本良嗣、大河原透（１９９６）「東京は過大か――集積の経済と都市規模の経済分析」『電力経済研究』37号、29－42頁

金本良嗣、斎藤裕志（１９９８）「東京は過大か――ヘンリー・ジョージ定理による検証」『季刊　住宅土地経済』29号、９－17頁

金本良嗣（２００６）「東京は過大か――パネルデータによる再推定」『季刊　住宅土地経済』62号、12－20頁

増田寛也編著（２０１４）前掲書

Kanemoto, Y., Ohkawara, T. and Suzuki, T. (1996) Agglomeration Economies and a Test for Optimal City Size in Japan. *Journal of the Japanese and International Economies* 10, 379-398.

おわりに

ポール・クルーグマン、伊藤隆敏監訳、北村行伸・妹尾美起訳（1995）『経済政策を売り歩く人々――エコノミストのセンスとナンセンス』日本経済新聞社
ポール・クルーグマン、北村行伸・高橋亘・妹尾美起訳（1994）『脱「国境」の経済学――産業立地と貿易の新理論』東洋経済新報社
Fujita, M., Krugman, P. and Venables, A.（1999）*The Spatial Economy: Cities, Regions, and International Trade*, MIT Press.

ちくまプリマー新書

348
英語バカのすすめ
——私はこうして英語を学んだ
横山雅彦
本気で英語力を身につけたいのなら、全身全霊を傾け、「英語バカ」になることだ。自称「英語バカ」の著者の学びの足跡を追い「学ぶ方法」と「学ぶ意味」を考える。

349
伊藤若冲【よみがえる天才1】
辻惟雄
私は理解されるまでに一〇〇〇年の時を待つ——江戸の鬼才が遺したこの言葉が秘める謎に、最新の研究と迫力のカラー図版で迫る、妖しくも美しい美術案内。

350
レオナルド・ダ・ヴィンチ【よみがえる天才2】
池上英洋
家族にも教育の機会にも恵まれず、コンプレックスだらけだった五〇〇年前の一人の青年が、なぜ名画を遺し、近代文明の夢を描く「天才」と呼ばれるに至ったか。

351
「さみしさ」の力
——孤独と自立の心理学
榎本博明
自分の内面に目が向かう青年期。誰とも違う個別性の自覚とともに、痛切な「さみしさ」が生まれてくる。この感情の様相をとらえつつ、自立という問題を考察する。

352
部活魂！
この文化部がすごい
読売中高生新聞編集室
運動部だけが部活じゃない！　全国の様々な文化部でも、仲間と熱くなり、時には対立しながら、成長を遂げていくドラマがある。心を震わせる情熱ノンフィクション。

ちくまプリマー新書

353
はずれ者が進化をつくる
——生き物をめぐる個性の秘密
稲垣栄洋
「平均の人間」なんて存在しない。個性の数は無限大。生き物各々が異なっているのには理由がある。唯一無二の生命をつなぐための生存戦略がここにある。

354
公務員という仕事
村木厚子
時に不祥事やミスなどから批判の対象になる公務員だが、地道に社会を支えつつ同時に変化を促す素晴らしい仕事だ。豊富な経験を元に、その醍醐味を伝える。

355
すごいぜ！　菌類
星野保
私たちの身近にいる菌もいれば、高温や低温、重金属濃度の高い場所など、極限に生きる菌もいる。その総数は150万種とも。小さいけれども逞しい菌類の世界。

356
はじめての昭和史
井上寿一
改憲論議、格差社会、日米関係、メディアと世論……。いま議論になっている問題のはじまりは昭和にあった！　戦前・戦時下・戦後のダイナミックな歴史を一冊に。

357
10代と語る英語教育
——民間試験導入延期までの道のり
鳥飼玖美子
署名活動への参加や国会前でのデモなど、英語民間試験導入延期に大きな役割を担った三人に取材し、大学入試改革とは何か、英語教育はどうあるべきかを説き明かす。

ちくまプリマー新書

358 モーツァルト【よみがえる天才3】 岡田暁生

完璧なる優美、子どもの無垢、美の残酷と壊れたような狂気、楽しさと同居する寂しさ——モーツァルトとはいったい何者だったのか？ 天才の真実を解き明かす。

359 社会を知るためには 筒井淳也

なぜ先行きが見えないのか？ 複雑に絡み合う社会を理解するのは難しいため、様々なリスクをうけいれざるを得ない。その社会の特徴に向き合うための最初の一冊。

360 徒然草をよみなおす 小川剛生

「徒然草」は、本当に「無常観を主題とした遁世者の随筆」なのだろうか。どうもそうではないらしい。当時の文脈に置きなおすことで、本当の姿が見えてくる。

361 子どもを守る仕事 佐藤優 遠藤久江 池上和子

いま、児童福祉の仕事が見なおされています。保育士、教員、里親、児童養護施設職員——。本書では、子どもの命と生活を守る職業の魅力と働き方を考えます。

362 アレクサンドロス大王【よみがえる天才4】 澤田典子

前人未到の大征服を成し遂げ、三二歳の若さで世を去ったアレクサンドロス。時には「英雄」として、時には「暴君」として描かれる「偉大なる王」の実像に迫る。

ちくまプリマー新書

363
他者を感じる社会学
——差別から考える
好井裕明
他者を理解しつながろうとする中で、生じる摩擦熱のようなものが「差別」の正体だ。「いけない」と断じて終えるのでなく、その内実をつぶさに見つめてみよう。

364
コペルニクス【よみがえる天才5】
高橋憲一
長く天文学の伝統であった天動説を否定し、地動説を唱えたコペルニクスによって、近代科学は大きな一歩を踏み出した。どのように太陽中心説を思いついたのか。

365
西洋美術とレイシズム
岡田温司
聖書に登場する呪われた人、迫害された人を、美術はどのように描いてきたか。二〇〇〇年に及ぶ歴史の中で培われてきた人種差別のイメージを考える。

366
紛争解決ってなんだろう
篠田英朗
世界で紛争はどのように解決されているのか。英米の大学で体系的に教えられている「紛争解決論」の世界水準の議論を、気鋭の国際政治学者がわかりやすく伝える。

367
地方を生きる
小松理虔
いま地方にこそ可能性が広がっている。これまでと違った視点でみれば、新たな魅力と課題が浮かんでくる。仕事、暮らし、苦労などローカルな生き方をお伝えします。

ちくまプリマー新書

368
値段がわかれば社会がわかる
――はじめての経済学
徳田賢二
私たちの社会生活において「経済」の占める場所は大きい。そのしくみはどのようなものか。生産から消費まで、「値段」を手がかりに解き明かした経済学入門。

369
高校生からの韓国語入門
稲川右樹
ハングル、発音、文法、単語、豆知識……Twitter でも人気の「ゆうき」先生がイラストをまじえてわかりやすく解説。始めるなら、まずはこの1冊から！

370
ガウディ【よみがえる天才6】
鳥居徳敏
歴史や自然に学び、幾何学を駆使してたどり着いた独特の建築様式は今なお新鮮だ。サグラダ・ファミリア聖堂やグエル公園はどのようにして生まれたのか。

371
はじめてのニュース・リテラシー
白戸圭一
フェイク、陰謀論、偏向、忖度、感性のズレ――情報はなぜ歪んで／偏ってしまうのか。ニュースの作られ方から、信頼できる情報の見分け方までを平易に説く。

372
問う方法・考える方法
――「探究型の学習」のために
河野哲也
私たちは人生の中で出会う様々な課題を、見つけ、調べて、解決することが求められる時代に生きている。新学習指導要領の重要キーワード「探究」のためのテキスト。

ちくまプリマー新書

373
勉強する気はなぜ起こらないのか
外山美樹
気持ちがあがらない、誘惑に負けちゃう。お困りなあなたにやる気をコントロールするコツを教えます。目標設定、友人関係、ネガティブ戦略など、どれも効果的！

374
「自分らしさ」と日本語
中村桃子
なぜ小中学生女子は「わたし」ではなく「うち」と言うのか？　社会言語学の知見から、ことばと社会とわたしたちの一筋縄ではいかない関係をひもとく。

375
16歳からの相対性理論
——アインシュタインに挑む夏休み
佐宮圭
松浦壮監修
なぜ光の速さは変わらないの？　どうして重力は物を落とすの？　時間は絶対的なもの？　物理学者の父親にヒントをもらって思考実験を繰り返す高校生の物語。

376
壊れた脳と生きる
——高次脳機能障害「名もなき苦しみ」の理解と支援
鈴木大介
鈴木匡子
脳に傷を負った当事者と、高次脳機能障害を専門とする医師が「見えない障害」とともに生きるためのヒントを考え抜く。隣の当事者さんと向き合うすべての人へ。

377
はじめてのＬＧＢＴ
みんな自分らしくいるための
遠藤まめた
恋愛における変なルール、個性を抑えつける校則、家族は仲が良くないといけない……。性の多様性を考えることで、「当たり前」から自由になれる。

ちくまプリマー新書

378
生きのびるための流域思考
岸由二
かつてない量の雨が日本列島を襲っている。頭上の雨だけを見ていても水土砂災害は分からない。雨は流域で集められることを知って安全なところへ！

379
リスク心理学
――危機対応から心の本質を理解する
中谷内一也
人間には危機に対応する心のしくみが備わっている。しかし、そのしくみには一癖あるらしい。感情と合理性の衝突、リスク評価の基準など、最新の研究成果を紹介。

380
自分をたいせつにする本
服部みれい
からだを温める。深く呼吸する。自分と打ち合わせをする。自分の年表を作る。体や心をたいせつにするワークで、自分の気持ちに気づいてなりたい自分になる。

381
心とからだの倫理学
――エンハンスメントから考える
佐藤岳詩
整形で顔を変えてしまってよいのか。能力や性格を薬によって変えることの是非は？　変化によってあなたと社会はどうなるの？　倫理学の観点から論点を提示する。

382
古代文明と星空の謎
渡部潤一
ストーンヘンジは夏至の日の出を示し、ピラミッドは正確に真北を向いている。古代人はどうやって計測したのか。当時の星空をシミュレーションして読み解く！

ちくまプリマー新書

383
学校の役割ってなんだろう
中澤渉
忙しすぎる教員、授業への不満、役に立つ教育の要望。学校の様々な課題の背景を理解するために、あらためて学校はなぜあるのか、そして社会との関係を問いなおす。

384
ファッションの仕事で世界を変える
——エシカル・ビジネスによる社会貢献
白木夏子
地球を蝕む社会問題への取組みと、キラキラ輝く自分の夢の追求と、ビジネスへの挑戦心——すべて一緒に叶えるのがエシカル・ビジネス。その実践への教科書。

385
従順さのどこがいけないのか
将基面貴巳
「みんな、そうしているよ」「ルールだから、しかたがない」「先生がいってるんだから」この発想がいかに危険なものなのか、政治、思想、歴史から解明します。

386
「日本」ってどんな国？
——国際比較データで社会が見えてくる
本田由紀
家族、ジェンダー、学校、友人、経済・仕事、政治・社会運動について世界各国のデータと比較し、日本がどんな国か考えてみよう。今までの「普通」が変わるかも!?

387
はじめての精神医学
村井俊哉
うつ病、統合失調症、認知症、パーソナリティ障害——さまざまな精神疾患の症状や治療法を広く見渡し、さらには「そもそも精神医学とは何か」までを考える。

ちくまプリマー新書

388 神話でたどる日本の神々　平藤喜久子
神話にはメンタルが弱かったり、戦に負けたりと、え？と思う逸話がたくさん。神は特別な存在でしょうか？日本人がつきあってきた神々のことを学んでみませんか。

389 はじめての考古学　松木武彦
縄文土器が派手なのはなぜ？ 古墳はなぜあんなにデカいのか？ 言葉ではなく「モノ」からわかる真実とは？新たな知と結びついたこれからの考古学の入門書。

390 バッチリ身につく 英語の学び方　倉林秀男
ベストセラー『ヘミングウェイで学ぶ英文法』著者が贈る、語彙・文法・音読・リスニング……ことばの「基礎体力」の鍛え方。英語学習を始める前にまずはこの本！

391 はじめて学ぶ環境倫理
——未来のために「しくみ」を問う　吉永明弘
エコで環境はよくなるのか？ なぜ生物の絶滅はダメなのか？ つくられた自然は偽物か？ 身近な環境の疑問から未来に関わる問題まで、考えるヒントを教えます。

392 「人それぞれ」がさみしい
——「やさしく・冷たい」人間関係を考える　石田光規
他人と深い関係を築けなくなったのはなぜか——相手との距離をとろうとする人間関係のありかたや、「人それぞれ」の社会に隠れた息苦しさを見直す一冊。

393
2050年の地球を予測する
——科学でわかる環境の未来
伊勢武史
異常気象がほぼ毎年起こったり、伝染病の感染が拡大したり、シロクマが絶滅するかも？　そうなる前に、ほんのわずかな兆候に気づいて、対策することが大事!!

394
デジタル社会の 地図の読み方 作り方
若林芳樹
地図を取り巻く環境はデジタル化で激変した。様々なタイプの地図を正しく読み解くだけではなく、情報発信／課題解決のツールとして使いこなすための入門書。

395
人生はゲームなのだろうか？
——〈答えのなさそうな問題〉に答える哲学
平尾昌宏
読書猿さん推薦！　ルールも目的もはっきりしないこの「人生」を生き抜くために、思考の「根拠」や「理由」をひとつひとつ自分で摑みとる練習を始めよう。

396
なぜ地球は人間が住める星になったのか？
山賀進
宇宙の進化の中で地球はどのようにして生まれたのか。地球が生命に適した環境になり、多くの生物が栄え、それらが地球環境を変えてもきた共進化の歴史を探る。

397
ようこそ、心理学部へ
同志社大学心理学部・編
犯罪から食欲、記憶から感情までを扱い、生理的仕組みを解明し日常的な行動の改良を目指す——。深くて広い心理学の多様な世界を講義形式で紙上体験する入門書。

ちくまプリマー新書

398
北里柴三郎【よみがえる天才7】
海堂尊
日本の医学と医療の基盤を創った巨人の足跡をたどる本格伝記。医学研究とは、社会の衛生とは、感染症とどう戦うか――北里の残した答えは現代にも生きている。

399
森鷗外【よみがえる天才8】
海堂尊
陸軍軍医、作家、啓蒙家として膨大かつ質の高い仕事をした森鷗外。留学、創作、出征、論争。豊穣でありながら複雑怪奇の天才の全体像を見晴らす本格伝記。

400
物語のあるところ
――月舟町ダイアローグ
吉田篤弘
おなじみの小説の舞台・月舟町に、著者自身が出かけていき、登場人物たちと「登場人物の自由」とか「物語はためになるか」などについて語り合う一味違う物語論。

401
学校はなぜ退屈でなぜ大切なのか
広田照幸
「道徳は教えられるか」「学校の勉強は仕事に役立つか」「教育は格差を解消できるか」「AI社会で教育は変わるか」――広い視点と多様な角度からとらえなおす。

402
ヤングケアラーってなんだろう
澁谷智子
中学校の1クラスに2人はいる――家族の世話や家事を行う子どもたちを指す「ヤングケアラー」。彼らがおかれた状況や支援の取り組みを知るための一冊。

ちくまプリマー新書

403
私たちはどう学んでいるのか
——創発から見る認知の変化
鈴木宏昭
知識は身につくものではない⁉ 実は能力を測ることは困難だ⁉ 「学び」の本当の過程を明らかにして、教育現場によってつくられた学習のイメージを一新する。

404
やらかした時にどうするか
畑村洋太郎
どんなに注意しても、失敗を完全に防ぐことはできない。ピンチはチャンス！ 失敗を分析し、糧にする方法を身につけて、果敢にチャレンジできるようになろう！

405
「みんな違ってみんないい」のか？
——相対主義と普遍主義の問題
山口裕之
他人との関係を切り捨てるのでもなく、自分と異なる考えを否定するのでもなく——「正しさ」とは何か、それはどのようにして作られていくものかを考える。

406
富士山はいつ噴火するのか？
——火山のしくみとその不思議
萬年一剛
富士山は約300年噴火していないが、実はとても活発な火山だ。次の噴火はいつ？ 起きたらどうなる？ 最新の調査から噴火の規模、被害、そして防災までを語る。

407
哲学するってどんなこと？
金杉武司
謎に溢れた世界の読み解き方を教えてくれる哲学。でも何からどう取り組めばいいの？ 問いの立て方から答えの探し方まで、練習問題とともに学べる新しい哲学入門。

ちくまプリマー新書411

大都市はどうやってできるのか

二〇二二年九月十日　初版第一刷発行

著者　山本和博（やまもと・かずひろ）

装幀　クラフト・エヴィング商會

発行者　喜入冬子

発行所　株式会社筑摩書房
東京都台東区蔵前二－五－三　〒一一一－八七五五
電話番号　〇三－五六八七－二六〇一（代表）

印刷・製本　株式会社精興社

ISBN978-4-480-68435-6 C0225　Printed in Japan